Meike Bockermann · Angela Seidel
Border Collie

Herausgegeben unter dem Patronat des
Verbandes für das Deutsche Hundewesen e.V.,
44141 Dortmund

Meike Bockermann
Angela Seidel

Border Collie

Praktische Ratschläge für Haltung, Pflege und Erziehung

1. Auflage
Mit 44 farbigen Abbildungen

Parey Buchverlag Berlin 1996

Parey Buchverlag im
Blackwell Wissenschafts-Verlag
Kurfürstendamm 57, D-10707 Berlin

Das Kapitel „Gesundheit“ wurde von Dr. med. vet. Peter Brehm verfaßt; das Kapitel „Ernährung“ von Dipl. vet. med. Lutz Salomon.

Die Deutsche Bibliothek – CIP-Einheitsaufnahme

Bockermann, Meike:
Border Collie : praktische Ratschläge für Haltung, Pflege und Erziehung / Meike Bockermann ; Angela Seidel. – 1. Aufl. – Berlin : Parey, 1996
(Dein Hund)
ISBN 3-8263-8403-2
NE: Seidel, Angela

Einbandgestaltung: Rudolf Hübler, Berlin, unter Verwendung einer Abbildung aus dem Archiv der Autorinnen
Satz und Repro: Type Design, Berlin
Druck und Bindung: Grafos S. A., Barcelona

Gedruckt auf chlorfrei gebleichtem Papier

Printed in Spain • ISBN 3-8263-8403-2

Vorwort

Als langjährige Züchter und Ausbilder sind wir beide täglich viele Stunden mit Border Collies beschäftigt. Da die Beliebtheit dieser Rasse in den letzten Jahren sprunghaft zunahm und weiter steigt, war ein deutschsprachiges, umfassendes und dazu leicht zu lesendes Buch über den Border, seine Bedürfnisse und Fähigkeiten, dringend erforderlich. Das vorliegende Buch soll in kompakter Form einen Eindruck von der Vielseitigkeit dieser Rasse vermitteln, vor allem aber von ihren Ansprüchen an die Haltung. Denn der Border Collie ist kein „einfacher" Hund. Er fordert von seinen Besitzern ständiges, konsequentes und vor allem auf die Rasse und ihre Eigenarten ausgerichtetes Training: Jeder Border braucht eine Aufgabe. Nur eine „Aufgabe für den klugen Kopf" macht aus einem Border Collie dann auch einen angenehmen Familienhund. Dies wird leider zu häufig vergessen – von Besitzern und auch vielen Züchtern.

Die Schwierigkeiten beim Schreiben dieses Buches lagen vor allem darin, den unglaublichen Arbeitswillen dieser Rasse auch für den „Nicht-Border-Kenner" verständlich und vor allem glaubhaft darzustellen. Wir hoffen, daß uns dies gelungen ist. Auch mußten wir den vielen unterschiedlichen Einsatzmöglichkeiten dieser Hunderasse gerecht werden. Da es sich um einen Hütehund handelt, haben wir natürlich der Hütearbeit zunächst einmal viel Platz eingeräumt. Aber auch einige der anderen möglichen Sportarten und Aufgaben für den Border Collie wurden so beschrieben, daß wenigstens ein kleiner Eindruck entsteht.

Die Kapitel über die Grunderziehung und die Zucht sind, bedingt durch die hier notwendige räumliche Beschränkung, nur kurz. Schon die Erziehung des Border Collies wäre wohl ein eigenes Buch wert.

Unser Wunsch ist es, mit dem vorliegenden Buch vor allem zukünftigen Border-Besitzern eine kleine Starthilfe zu geben, ganz besonders aber allen Lesern einen Denkanstoß zum Wohl einer wunderbaren, einmaligen, aber auch anspruchsvollen Hunderasse.

Loxstedt-Büttel/Lehrte,
im Frühjahr 1996
Meike Bockermann/Angela Seidel

Pedigree PAL
ADVANCE
FORMULA
FORMULA QUALITY STANDARD
JUNIOR 1
JUNIOR 2
LIGHT
SENSITIVE
ENERGY
ADULT
FQS

Inhalt

Rassegeschichte 9
Über Hütetrails – Old Hemp – Tommy – Im Kennel Club

Der Charakter 16

Der Border-Collie-Standard 19

Eine Aufgabe für den Hund 22
Agility is fun – Fährtenhund – Rettungshund – Andere Aufgabenfelder

Hütetrails 26

Die Ausbildung eines Border Collies 31
Wie lernt ein Hund? – Motivation – Timing – „Ich-möchte-etwas-lernen"-Training – Trainingsgrundlagen – Einzelne Übungen – Das Training für die Ausstellung

Das Hütetraining 46
Wichtige Befehle – Das Training an den Schafen

Die Zucht 51
Über Gene und Chromosomen – Die Fellfarbenvererbung beim Border Collie – Angewandte Genetik – Erbkrankheiten – Der Anfang

Züchten – ja oder nein? 60
Die geeigneten Zuchttiere – Die Wahl der Zuchthündin – Der Zuchtrüde – Vor dem Deckakt – Die Wahl des geeigneten Zuchtpartners – Die Hündin ist läufig – Der Deckakt – Die Decktaxe – Die Hündin während der Trächtigkeit – Bestimmung des Wurfzeitpunktes – Die Wurfkiste – Geburtsvorbereitungen und Geburt – Die ersten Tage der Welpen – Sozialisierung

Die Auswahl des Welpen 74
Der Welpe kommt ins Haus – Die erste Nacht – Stubenreinheit – Leinenführigkeit

Ausstellungen 80
Die unterschiedlichen Ausstellungsarten – Die Klassen – Die Titel

Ernährung 87
Der Hund braucht mehr als Fleisch – Das Verdauungssystem spaltet die Nahrung auf – Hohe Energieausbeute nur bei hochverdaulicher Nahrung – Eiweiße sind Baustoff, Energieträger und Wirkstoff zugleich – Wachsende Hunde benötigen spezielle Nahrung – Fertignahrung ist hochwertig, sicher und bequem – Wichtige Tips zur Fütterung Ihres Hundes

Gesundheit 96
Vorbeugen ist besser als Heilen – Erste Hilfe tut not – Alarmzeichen – Infektionen bedrohen die Gesundheit – Impfungen schützen vor diesen Infektionskrankheiten – Gegen andere Infektionen schützt Vorsicht – Wurmkuren gegen unerwünschte Kostgänger – Gefahren für die menschliche Gesundheit?

Der Border Collie im Alter 110

Anhang 111
Anschriften, die Sie kennen sollten – Literatur – Bildnachweis

Rassegeschichte

Der Border Collie ist ein meist schwarz-weißer, mittelgroßer, mittel- bis langhaariger Hütehund. Das Ursprungsland dieser Rasse sind die Britischen Inseln, wo sie auch heute noch die meist verbreitetsten Hütehunde sind. Der Border Collie ist eine der ältesten existierenden Hunderassen.

Der erste Collie-ähnliche Hütehund wurde 36 v. Chr. in dem Buch „De re rustica“ von Cato und Vero beschrieben. Es handelte sich hierbei um einen großen, dreifarbigen Hund, der den heutigen Berner Sennhunden oder dem Rottweiler geähnelt haben mag. Diese Hunde wurden im Zuge der römischen Invasion 55 v. Chr. nach Britannien eingeführt. Im neunten Jahrhundert besetzten die Wikinger Schottland und Irland. Sie brachten zum Hüten ihrer Herden Spitzähnliche Hunde mit. Diese Hunde waren meist schwarz oder hellbraun mit weißen Abzeichen, hatten kurzes, dichtes Fell und oft blaue Augen.

Dieser Typ Hund vermischte sich langsam mit den römischen Hirtenhunden, wobei zwei verschiedene Typen entstanden: Im Schottischen Hochland und in Wales entwickelte sich ein leichter, kleiner Hütehund, der sich in den steinigen Hügeln schnell und sicher bewegen konnte und so in der Lage war, auch das störrischste Welsh-Mountain-Schaf zu wenden. Zur gleichen Zeit entstand in den Tieflagen von Schottland und im flachen Nordengland ein schwerer und größerer Typ. Alle diese Hunde waren schwarz-weiß oder dreifarbig.

Der heutige Border Collie ist eine Mischung aus beiden Typen.

Über „Hütetrails“

Jeder Border Collie auf einer Schaffarm in Schottland oder Wales leistet heute dort die Arbeit mehrerer Männer. Ohne diese unermüdlichen Arbeiter wäre der gründliche und schnelle Auf- und Abtrieb der Schafe in den Hügeln wahrscheinlich gar nicht möglich.

Schon im letzten Jahrhundert hatte jede Farm ihre „farm-dogs“: meist Border Collies oder Border-Collie-Mischlinge, die – je nach Interesse des Farmers – am Vieh ausgebildet wurden oder einfach mitliefen.

Einige Farmer führten ihre besten Hunde bei der Arbeit vor. Daraus entstand ein Wettstreit, bei dem man die Tiere über die gleiche abgesteckte Strecke, den „Trail“, schickte und sie die gleiche Art Schafe treiben ließ. Diese Trails wurden zu Treffpunkten für Farmer und Hundeführer, es wurden passende Deckrüden gesucht, man konnte sich mit etwas Glück gleich vor Ort ein Bild vom zu erwartenden Nachwuchs machen oder auch einen vielversprechenden Welpen erwerben.

Der erste bekannte Hütehundtrail fand in Bala/Wales, am 18. Oktober 1876 statt. Der Beste der zehn gestarteten Collies war Tweed, ein mittelgroßer, dreifarbiger Hund, gezüchtet von Mr. J. Thomson aus Schottland. Auf Grund des großen Erfolges dieser Veranstaltung folgten weitere Trails.

Im Juli 1906 versammelten sich einige schottische und englische Schäfer bei einem Treffen in Haddington/East Lothian. Unter der Präsidentschaft von Georg Clarke aus Eagelscairnie und mit J. Wilson aus East Linton als Sekretär gründeten sie die International Sheepdog Society (ISDS).

„Sind da Schafe?" Ein Border Collie kurz vor dem „Outrun"

Ihr Ziel war es, durch die Veredelung der Hütehunde eine bessere Betreuung des Viehs zu ermöglichen, das öffentliche Interesse am Beruf des Schäfers und das Interesse der Schäfer an besser ausgebildeten Hunden zu wecken.

Die ersten Trails unter der Schirmherrschaft der ISDS wurden schon in den folgenden Monaten in England und Schottland abgehalten. Das Echo dieser ersten Veranstaltungen war so groß, daß bis zu Beginn des Ersten Weltkrieges jährlich neun Eintagestrails und eine Gesamtmeisterschaft ausgetragen wurden.

Für die Dauer des Ersten Weltkrieges wurden die Trails ausgesetzt.

In dieser Zeit entwickelte James Reid, seit 1915 Sekretär bei der ISDS, ein einheitliches Grundschema für diese Hüteprüfungen. Er organisierte 57 National und 21 International Trails und glaubte fest daran, durch seinen Kurs den Arbeitsstandard der Collies zu verbessern. Seine harte Arbeit und seine Begeisterung machten die ISDS in Farmerkreisen weltbekannt. Alle Trails im heutigen Großbritannien basieren auf dem von James Reid entwickelten internationalen Kurs, der als der beste der Welt gilt.

1919 wurden die Trails wieder aufgenommen.

Im Jahre 1922 trat Wales der Society bei. In diesem Jahr wurden nationale Veranstaltungen erstmals als Eintagestrails abgehalten.

1927 wurde der Mannschaftswettkampf eingeführt, 1929 auf die noch heute üblichen drei Tage ausgedehnt.

1961 schlossen sich auch irische Farmer mit ihrer Nationalmannschaft den Wettkämpfen an.

James Reid zog sich 1946 von seiner Arbeit als Sekretär der ISDS zurück. Er hatte Regeln für die Trailarbeit entworfen, die bis heute gültig sind und den Arbeitscollie international bekannt gemacht haben.

Aber auch den Namen „Border Collie“ verdankt der Arbeitscollie James Reid, denn um die Jahrhundertwende hatte der Border viele verschiedene Namen: Shepherds dog, Colley dog oder einfach Collie.

Um den Border Collie aber von den schon damals im Schauring gezeigten Collies (den „Rough“ oder „Smooth“ Collies) zu unterscheiden, nannte man ihn auch Working Collie, Farm-type Collie oder Shepherd, Scottish Border Collie, Irish, Welsh oder English Collie.

Im Jahre 1915 setzte James Reid die Bezeichnung Border Collie einfach in eins der Formulare der ISDS ein. Den Namen „Border“ wählte er, weil die besten Arbeitshunde damals aus dem Grenzland (Border = Grenze) zwischen Nordengland und Südschottland kamen…

Das vom ISDS geführte Zuchtbuch enthielt 1983 genau 143 224 Hunde, die ISDS selbst hatte ungefähr 7000 Mitglieder. Zum heutigen Zeitpunkt werden jährlich ca. 400 Trails im United Kingdom abgehalten, bei jedem gibt es bis zu 100 Meldungen.

Old Hemp

Die Geschichte des Border Collies ist untrennbar mit Hütetrails und Schafen, mit dem „International" und anderen großen Trophäen verbunden, und so manche Ahnentafel liest sich wie eine Aufzählung von „National"- und „International"-Gewinnern.

Alle modernen Border-Collie-Linien lassen sich ohne Ausnahme auf den im September 1893 geborenen Old Hemp zurückführen. Der Farmer Adam Telfer aus Northumberland verpaarte mit sicherem Instinkt für passende Blutlinien seine fast schwarze Hündin Meg mit seinem dreifarbigen Rüden Roy. Meg arbeitete so intensiv, daß sie dazu neigte, sich selbst zu hypnotisieren und deshalb an den Schafen fast nicht zu gebrauchen war, während Roy ein leichtführiger, zuverlässiger Arbeiter mit gutem Temperament war.

Das Ergebnis dieser Verpaarung war Old Hemp, ein kräftiger, schwarz-weißer, langhaariger Hund mit breitem Oberschädel und Kippohren.

Im Alter von einem Jahr startete er bei seinem ersten Hütehundetrail und blieb von da an unbesiegt, ein Rekord, der bisher von keinem anderen Hund erreicht wurde.

Seine Arbeitsweise war außergewöhnlich, seine Geschwindigkeit, seine ruhige Ausstrahlung und sein starkes „Auge", mit dem er alle Schafe kontrollierte, ließen selbst den schwersten Trailkurs leicht erscheinen.

Alle diese Eigenschaften vererbte er erstaunlich zuverlässig an seine Nachkommen. Er war Vater von über 200 Söhnen und unzähligen Töchtern.

Tommy

Ein anderer, fast ebenso wichtiger Vererber war Isaac Herdmans Tommy. Er wurde von William Wallace aus Northumberland gezogen und war das Produkt einer Inzuchtverpaarung: Seine Mutter war Gyp, eine Tochter von Old Hemp, sein Vater Gyps Bruder Tweed. Tommy war dreifarbig, mittelgroß, hatte sehr starke Knochen und langes Fell. Er hatte ein freundliches Temperament, war aber an den Schafen zu eigenwillig, um sich führen zu lassen. Tommy legte den Grundstein für vier verschiedene Border-Collie-Linien.

Die erste Tommy-Linie entstand aus der Verpaarung mit A. Browns dreifarbiger Hündin Old Maid. Aus dieser Linie stammen der International Supreme Champion von 1913, Lad, im Besitz von T. P. Brown, und

Schweizer Meisterschaft in St. Gallen 1993. Erika Sommer mit ihrer Hündin Lyn am „Shedding ring“

der Gewinner von 1929, S. E. Barthys Corby.

Die zweite Linie entstand aus der Verbindung mit G. P. Browns Nell. Aus dieser Linie stammen die International Supreme Champions von 1923, G. P. Browns Spot, 1926, M. Haytons Glen, 1931, J. Thorps Jess und 1935, J. Jones Jeff II.

Die dritte Tommy-Linie begann mit der Verpaarung mit J. Scotts Jed. Aus dieser Linie stammen T. Armstrongs Don, der 1911 und 1914 das International gewann und der Champion von 1933, G. Whitigs Chip.

Die wichtigste Linie entstand aus der Verpaarung mit J. Scotts Ancrum Jed. Aus dieser Verbindung stammt der International Champion von 1907, W. Wallaces Moss, der später als Border Boss nach Neuseeland verkauft wurde.

Aus dieser Verbindung resultierten außerdem die International Supreme Champions von 1924, T. Roberts Jaff, 1928, 1930, J. M. Wilsons Fly und Craig sowie 1934, 1936 und 1937, J. M. Wilsons Roy.

Die Hunde von J. M. Wilson waren ihrerseits wieder die Begründer wichtiger und erfolgreicher Blutlinien.

James McMorran Wilson (weltweit bekannt als JM) war einer der erfolgreichsten Colliezüchter, -trainer und Teilnehmer an Shepdog Trails in der Geschichte der Border Collies. Mit sechs von ihm geführten und trainierten Hunden gewann er in

19 Jahren insgesamt 55 Trophäen, darunter neun International Supreme Championships, außerdem sechs International Farmer's, zwei International Brace Championships, elf Scottish National und sechs Scottish Brace Titel.

J. M. Wilsons erster International-Supreme-Gewinner war Craig, 1930.

Roy, der Sieger von 1934, 1936 und 1937, war Craigs berühmtester Sohn. Interessanterweise zeigte Roy kein Interesse an Schafen, bis er im Alter von zwei Jahren bei einem Kampf mit seinem Halbbruder Jix ein Auge verlor. Von da an entwickelte er sich zu einem „einäugigen Wunder". Er war ein sehr folgsamer, stilvoller Arbeiter, überzeugend in seiner Art und zielbewußt, aber sanft beim Hüten. Viele der heutigen Trailsgewinner stammen von ihm ab.

J. M. Wilsons Cap, ein Ururenkel von Craig, hatte ebenfalls großen Einfluß auf die Entwicklung des arbeitenden Border Collies. Im Juli 1937 geboren, konnte der große weißköpfige Hund seine schon legendären Fähigkeiten nie in der Öffentlichkeit zeigen, da die Trails während des Zweiten Weltkrieges aufgegeben wurden. Durch die an seine Kinder weitergegebenen Fertigkeiten wurde Cap dennoch berühmt.

Sein Stammbaum geht mehrere Male auf Old Hemp zurück und enthält in der sechsten Generation eine rot-weiße Hündin mit Namen Wylie.

Englische Border Collies beim Hereinbringen von Rindern

Auch Craig war dafür bekannt, daß er von Zeit zu Zeit rot-weiße Welpen zeugte. Seine Großmutter Fenwick Jed war eine Tochter der rot-weißen Wylie.

Großen Einfluß hatte auch J. Richardsons International Supreme Champion Wiston Cap auf die Entwicklung des modernen Border Collies.

Der Stammbaum des 1963 geborenen Hundes geht mindestens 16mal auf J. M. Wilsons Cap zurück. Wiston Cap war ein dreifarbiger, langhaariger Hund und ein Naturtalent; er arbeitete bereits im Alter von drei Monaten an großen, schwarzgesichtigen Cheviotschafen auf dem Land seines Herren. Wiston Cap war kompetent, furchtlos und zuverlässig. Seine Haltung und Figur sind dadurch, daß die ISDS sein Porträt für ihr Abzeichen auswählte, inzwischen weltweit bekannt. Wiston Cap gewann 1965 das International Supreme Championship und starb 1979 im Alter von 15 Jahren.

Zu seinen Lebzeiten hatten bereits drei seiner Söhne das „International“ gewonnen. Alle diese Hunde haben maßgeblich zur Entwicklung des heutigen Border Collies beigetragen.

Im Kennel Club

Im Juni 1976 wurde der Border Collie nach langer Vorbereitung des „Border Collie Clubs of Great Britain“ von englischen „Kennel Club“ (ähnlich dem deutschen VDH, Verband für das Deutsche Hundewesen) als Rasse anerkannt und wurde von da an auch auf Ausstellungen gezeigt.

Die allererste Anwartschaft auf den Titel „Show Champion“, das „Challenge Certificate“ (allgemein als „CC“ bekannt), wurde 1982 auf der berühmten, jährlich stattfindenden Hundeschau „Cruft's“ (damals noch in London, seit einigen Jahren in Birmingham) von der Richterin Catherine Sutton verliehen.

Das erste CC für Rüden und der Titel „Rassebester“ gingen an diesem Tag an Tilehouse Cassius at Beagold im Besitz von Mr. Felix Cosme vom Beagold-Zwinger, das erste CC für Hündinnen an Mr. Eric Broadhurst's dreifarbige Hündin Tracelyn Gal aus dem Rosehurst-Zwinger.

In Deutschland führt der „Club für Britische Hütehunde“ im VDH und FCI seit 1978 die Zuchtbücher für den Border Collie. Die Zahl der auf Ausstellungen gezeigten Tiere nimmt seitdem ständig zu.

Der Charakter

„Border Collies sind extrem leicht zu trainieren“. Diese Aussage ist von passionierten Ausbildern und langjährigen, erfahrenen Züchtern oft zu hören. Die Fernsehwerbung und einige Spielfilmauftritte der lustigen schwarz-weißen Clowns tun ihr übriges – und schon möchten viele Menschen einen so leichtführigen und offensichtlich doch so klugen und freundlichen Hund besitzen.

Border Collies sind nach einer amerikanischen Statistik die klügste von 80 im Hinblick auf Arbeits- und Gehorsamsintelligenz untersuchten Hunderassen. Diese Hunde sind sehr aktiv und lerneifrig und haben durch über ein Jahrhundert selektive Züchtung die Fähigkeit zum selbständigen Arbeiten an Schafen und anderem Vieh und dabei auch zum bedingten individuellen Problemlösen während ihrer „Arbeit“ erworben.

Aber: Als extreme Arbeitshunderasse stellt ein Border Collie hohe Anforderungen an seinen Halter. Dieser muß sich vor dem Erwerb eines Border Collies ehrlich fragen, ob er diesem ständigen Arbeitseifer gerecht werden kann. Ein großer Garten und zwei Stunden täglicher Spaziergang reichen im größten Teil aller Fälle nicht zum Borderglück aus. Ungleich wichtiger als der Garten ist eine Aufgabe für den Hund. Wenn dem unverstandenen Border Collie in der falschen Hand keine „Arbeit“ für seinen klugen Kopf geboten wird, sucht sich der Hund fast immer allein ein Ventil für seinen Arbeitstrieb. Die Ergebnisse davon sind keine Lobeshymnen für den „Borderverstand“ der Hundehalter.

Die körperlichen und seelischen Auswirkungen der Unterbeschäftigung können speziell beim Border Collie erschreckend sein. Das Auftreten schwerer Allergien ist dabei ebenso häufig wie beispielsweise Selbstverstümmelung in Form von Leckgranulomen und Bewegungsstereotypien (das ständige Wiederholen eines bestimmten Bewegungsablaufes). Viele Hunde werden sehr aggressiv, hauptsächlich anderen Hunden, aber auch anderen Tierarten(!), fremden Menschen(!!) oder sogar dem Besitzer (!!!) gegenüber. Wieder andere sind ewig rastlos auf der Suche nach Beschäftigung und letztlich so nervös und ängstlich, daß sie häufig sogar unter Gastritis leiden. All dies sind tatsächlich häufig vorkommende Fälle von mehr oder weniger gravierenden Abweichungen vom Normalverhalten des Border Collies, ausschließlich hervorgerufen durch den Mangel an „Arbeit“. Diese Störungen beginnen bei den Hunden in der Regel in einem Alter zwischen ein und drei Jahren – anfangs oft vom Besitzer selbst nicht bemerkt – und sind dann meist nur mit einer sehr aufwendigen Umerziehung von Mensch und Hund zu heilen.

Derselbe Hund kann sich also – nur durch Verständnis oder Unverständnis des Hundeführers – zu einem „brillanten“, hochzufriedenen „Arbeiter“ oder zu einer ewig kränkelnden, unberechenbaren Belastung für die ganze Familie entwickeln.

Der Border Collie ist immer ein unvergleichlich aktiver Hund mit einem unglaublichen Lerneifer und einer sehr hohen Lerngeschwindigkeit. Allen diesen Eigenschaften muß der Border-Besitzer von Anfang an gerecht werden. Dabei muß sich dieser aber auch über Vor- und Nachteile eines so intelligenten Hundes im klaren sein: Denn wenn ein Hund schnell lernt, also in sehr kurzer Zeit Umweltreize verknüpft und mit Worten oder Bewegungen assoziiert, erstreckt sich diese Eigenschaft auch auf die vielen vom Menschen „unerwünschten“ Verhaltensweisen. Mit anderen Worten, der Hund lernt das Kommando „Platz“ ebenso schnell wie das Öffnen der Haustür, um unbeaufsichtigt auf die Straße zu gelangen. Dies erfordert vom Menschen viel Kenntnisse über das Wesen und Verhalten dieser Rasse und Konsequenz und Geduld bei der Erziehung. Nicht erwünschtes Verhalten muß sehr früh erkannt und korrigiert werden, denn nach zwei- oder dreimaliger Wiederholung von seiten

In der Enge der Großstadt fühlt sich der Border Collie nicht wohl

So kann eine Wohnung schon nach kurzer Zeit aussehen, wenn ein junger Border Collie nach Beschäftigung sucht

des Hundes „sitzt“ meist auch dieses.

Ein anderes Problem dieser Rasse, über das sich ein zukünftiger Besitzer im klaren sein muß, ist der oft auftretende extreme Hütetrieb. Hunde mit extremem Hütetrieb können erfahrungsgemäß nicht auf andere Aufgaben „umgepolt“ werden. Sie wollen nur eins: Arbeiten an Schafen und zwar möglichst an einer größeren Herde. Wer also im Hundesport aktiv werden möchte, den Hund nicht in seiner ursprünglichen Aufgabe „nutzen“ will, muß sich vorher besonders gut über den Arbeitstrieb und den Einsatz der Elterntiere und der Großeltern informieren.

Zwar haben nicht alle Border Collies einen starken Hütetrieb, aber eine „Aufgabe“ im Team Mensch/Hund brauchen sie ohne Ausnahme.

Der Border-Collie-Standard

Der „Standard“ ist eine weltweit gültige Beschreibung des optimalen Border Collies. Züchter aus dem Ursprungsland der Rasse (in diesem Fall Großbritannien) stellten in jahrelanger Arbeit diese Beschreibung aller wünschenswerten und nicht erwünschten Merkmale zusammen. Dabei werden umfassend nicht nur das körperliche Erscheinungsbild und die Bewegung, sondern auch die charakterlichen Merkmale, die diese Rasse einzigartig machen, beschrieben. Nach diesen Vorgaben richten auch die Zuchtrichter auf den Zuchtschauen.

Allgemeine Erscheinung. Die allgemeine Erscheinung soll die eines wohlproportionierten Hundes sein, wobei die geschmeidigen Außenlinien Qualität, Anmut und vollkommene Ausgeglichenheit in Verbindung mit genügend Substanz zeigen, um den Eindruck zu vermitteln, daß er zur Ausdauer fähig ist.

Charakteristik. Widerstandsfähiger und fleißiger Hütehund mit viel Ausdauer.

Wesen. Eifrig, geweckt, aufmerksam und intelligent. Niemals nervös oder angriffslustig.

Kopf und Schädel. Schädel ziemlich breit, Hinterhauptbein nicht vorstehend. Die Wangen sollen nicht voll oder rund sein. Die Schnauze, sich zum Nasenschwamm hin verjüngend, soll mäßig kurz und kräftig sein. Oberschädel und Vorgesicht sollen von ungefähr gleicher Länge sein. Der Stop soll sehr ausgeprägt sein. Der Nasenspiegel ist schwarz, ausgenommen bei braunen oder schokoladenfarbenen Hunden, wo er braun sein darf. Blaue Hunde sollen einen grauen Nasenspiegel haben. Die Nasenlöcher sollen gut entwickelt sein.

Augen. Weit auseinanderstehend, oval, mandelförmig, von mittlerer Größe und braun. Bei Blue-merle-Hunden dürfen ein oder beide Augen teilweise oder ganz blau sein. Der Ausdruck ist sanft, eifrig, aufmerksam und intelligent.

Ohren. Die Ohren sind von mittlerer Größe und Beschaffenheit, gut auseinander gesetzt. Sie werden aufrecht oder halb gekippt getragen. Guter Gehörsinn.

Gebiß. Zähne und Kiefer sind kräftig. Perfektes und gleichmäßiges Scherengebiß, d. h., die Schneidezähne des Oberkiefers fassen dicht über die Zähne des Unterkiefers und stehen im rechten Winkel zum Kiefer.

Ch. Jolanda you learn of Shipelle verkörpert das „ideale" äußere Erscheinungsbild des Border Collies

Nacken. Von guter Länge, kräftig und muskulös, leicht gewölbt und zu den Schultern hin breiter werdend.

Vorderhand. Die Vorderbeine stehen, wenn von vorne gesehen, parallel. Die Vorderfußwurzelgelenke sollten, von der Seite gesehen, leicht schräg gestellt sein. Die Knochen sollen kräftig, aber nicht plump sein. Die Schultern sind gut zurückgelegt und die Ellbogen dicht am Körper anliegend.

Körper. Von athletischer Erscheinung mit gut gerundeten Rippen, der Brustkorb tief und recht breit, Lenden tief und muskulös, nicht hochgezogen. Der Hund ist etwas länger als hoch.

Hinterhand. Breit, muskulös, im Profil gesehen anmutig zum Rutenansatz abfallend. Oberschenkel lang, tief und muskulös mit gut gewinkelten Kniegelenken und kräftigen, tiefgestellten Sprunggelenken. Vom Sprunggelenk zum Boden sollen die Hinterbeine kräftige Knochen aufweisen und von hinten gesehen parallel stehen.

Pfoten. Oval, Ballen gut gepolstert, kräftig und fest. Die Zehen leicht gewölbt und dicht zusammenliegend. Die Nägel kurz und kräftig.

Rute. Die Rute ist mäßig lang, das Knochenende muß wenigstens bis zum Hacken reichen. Sie ist tief angesetzt, gut behaart und mit einem Aufwärtsschwung am Ende und vollendet so die anmutige Kontur und Ausgewogenheit des Hundes. Die Rute darf bei Erregung angehoben, aber niemals über den Rücken getragen werden.

Gang/Bewegung. Frei, geschmeidig und ausdauernd. Die Pfoten sollen nur minimal angehoben werden und den Eindruck vermitteln, der Hund könne sich mühelos mit großer Geschwindigkeit und Vorsicht bewegen.

Haarkleid. Zwei Arten sind möglich: 1. mittellang, 2. kurzhaarig. Bei beiden soll das Deckhaar dicht und von mittlerer Struktur, die Unterwolle weich und dicht sein, um einen guten Schutz vor schlechtem Wetter zu bieten. Beim mittellangen Felltyp bildet das reichliche Fell eine Mähne, eine gut behaarte Rute und einen langen Behang am hinteren Teil der Oberschenkel. An Gesicht, Ohren, Vorderbeinen (mit Ausnahme der Befederung) und an den Hinterbeinen vom Sprunggelenk abwärts soll das Haar kurz und glatt sein.

Farbe. Eine Vielzahl von Farben ist zulässig. Weiß darf nie überwiegen.

Größe. Ideale Größe: Rüden 53 cm, Hündinnen etwas weniger.

Fehler. Jede Abweichung von den obrigen Punkten soll als Fehler angesehen werden. Entsprechend dem Grad der Abweichung wird der Fehler als mehr oder weniger schwerwiegend eingestuft.

Anmerkung. Rüden sollen zwei sichtbare normale Hoden haben, die vollständig in den Hodensack gefallen sind.

Eine Aufgabe für den Hund

Der Border Collie entwickelt, wie bereits erwähnt, ohne eine „Aufgabe“, eine „Arbeit“, die seinen klugen Kopf beschäftigt, unter Umständen schwere Verhaltensstörungen und auch körperliche Leiden. Besonders wichtig bei der Wahl dieser „Arbeit“ ist, daß der Hund – auch, wenn er nicht an Schafen arbeitet – die Chance bekommt, im Team Mensch-Hund seinen vollen Beitrag zu leisten.

Ein Hund dieser Rasse kann dabei vor allem in jenen Disziplinen glänzen, die vom Tier überdurchschnittlichen Verstand, Lerneifer und Hingabe an den Menschen verlangen.

Eine große Anzahl von Hundesportarten ist deshalb für den intelligenten und wendigen Border Collie hervorragend geeignet.

Jede einzelne genau zu beschreiben würde den Rahmen dieses Buches sprengen, es gibt hierzu aber eine große Anzahl Fachbücher, von denen einige im Anhang genannt sind. Hier kurz einige der bekanntesten Aktivitäten für Mensch und Border Collie.

Agility is fun!

Agility – das bedeutet „Behendigkeit“, und die wird hier von Vier- und Zweibeinern verlangt!

Diese Sportart wurde, wie die meisten Hundesportarten, in Großbritannien „erfunden“. In den letzten Jahren ist sie, auch auf Grund ihrer Publikumswirksamkeit, in Deutschland immer beliebter geworden. Agility ist ein riesengroßer Spaß für

Agility – ein Riesenspaß für die Hunde

Beim „Fährten" bewährt sich der Border Collie genauso wie bei der Trümmersuche

Hund und Mensch. Übrigens sind in Großbritannien, wo Agility-Turniere sogar mit großem Erfolg im Fernsehen übertragen werden, die Mehrheit der hündischen Teilnehmer Border Collies!

Ziel ist, mit seinem Hund fehlerlos und in möglichst kurzer Zeit einen komplizierten Parcours zu bewältigen. Dieser besteht aus Hürden von unterschiedlicher Höhe, verschiedenen Tunneln, einer Slalomstrecke, einem Reifen, speziellen „Stopzonen" oder einem Tisch und vielen anderen ausgefallenen Hindernissen, die der Hund überspringen bzw. durchlaufen muß. Dabei müssen außerdem markierte Felder auf einigen Hindernissen, sog. „Kontaktzonen" vom Hund berührt werden.

Da Hund und Mensch gemeinsam rennen, stärkt dieser Sport so nebenbei auch gleich noch die eigene Ausdauer und Wendigkeit.

Voraussetzungen: Die Hunde laufen im Parcours ohne Halsband und Leine. Voraussetzung für diesen Sport ist daher eine gute Unterordnung, d. h., ein verläßliches Herankommen, Ablegen, Folgen bei Fuß auf der rechten und linken Seite usw.

Außerdem ist Agility ein Ausdauersport mit schnellen Wendungen und vielen Sprüngen. Dies sollte einem Hund erst zugemutet werden, wenn sich seine Bänder und Sehnen sowie das gesamte Knochengerüst gekräftigt haben und er völlig ausgewachsen ist, also etwa im Alter von einem Jahr.

Wo: Viele Hundesportvereine bieten Agility bereits in ihrem Programm an oder sind gerade dabei, eine Gruppe aufzubauen.

Nähere Auskunft erteilt auch der Club für Britische Hütehunde (Adresse s. Anhang).

Fährtenhund

Jahrzehntelang gehörte das Aufspüren verlorengegangener Schafe zu den Aufgaben der Border Collies. Es ist also nicht erstaunlich, daß sie schon „von Haus aus“ über einen hervorragenden Geruchsinn verfügen.

In den USA werden Border Collies aufgrund ihrer Neugier und Apportierwilligkeit als Drogenspürhunde ausgebildet. Inzwischen sind sie auch in der US-Army als Bombenspürhunde eingesetzt. Auch in England werden sie als Bomben- und Drogenspürhunde verwandt. Viele Border Collies sind außerdem als Rettungshunde in Großbritannien und in den USA im Einsatz.

Regelmäßige Fährtenarbeit ist sehr anstrengend für den Hund und hält ihn (und den Hundeführer) physisch und psychisch in Bestform.

Voraussetzung: Der Hund sollte die Grundbegriffe der Unterordnung kennen und schon fähig sein, sich länger auf eine Sache zu konzentrieren.

Wo: Die meisten Hundesportvereine legen ein- oder zweimal in der Woche eine „Fährte“. Ein gutmütiger Bauer hat ein unbebautes Stück Land zur Verfügung gestellt, auf dem die Fährte gelegt werden kann, und die Ausbilder des Vereins geben Anleitung und Tips. Wenn man erstmal weiß wie, kann man auf jeder Wiese „fährten“.

Wer Spaß daran hat, kann den Hund für eine der Prüfungen anmelden, die in den Hundesportvereinen regelmäßig abgehalten werden. Die Fährtenhund (FH)-Prüfung ist zwar meist Bestandteil der Schutzhund-Prüfung, aber man bekommt den Titel FH auch, wenn man nur Fährte macht (und natürlich besteht...).

Rettungshund

Wer einen Rettungshund ausbilden will, sollte sich immer vor Augen halten, daß dieser Hund nach vollendetem Training im Ernstfall zur Rettung von Menschenleben eingesetzt wird. Es handelt sich hierbei also nicht um einen Hundesport, sondern um eine sehr ernstzunehmende Tätigkeit bei einer der humanitären Hilfsorganisationen.

Der Border Collie bringt mit seiner Neugier und Lernwilligkeit, seiner guten Nase und seiner Trittsicherheit alle Voraussetzungen für einen hervorragenden Rettungshund mit. Auch ist er auf Grund seines freundlichen Wesens, seiner guten Nase und hohen Intelligenz für die Suche prädestiniert.

Die Rettungshundeausbildung ist umfassend und gründlich. Der Hund lernt, vermißte Personen in Flächensuche aufzuspüren und anzuzeigen. Zusätzlicher Ausbildungspunkt ist die Trümmersuche und die Wassersuche. Aber der Hund stellt hier nur eine Hälfte des Einsatzteams. Der zukünftige Rettungshundeführer muß für seine Aufgabe sehr viel seiner Freizeit opfern (zwei- bis dreimal wöchentliches Training mit dem Hund, zwischendurch Hundeführer-Schulungen, Probeeinsätze und vieles mehr sind für eine umfassende Ausbildung unerläßlich). Alle Einsätze der Rettungshunde mit ihren Führern sind ehrenamtlich, die Ausbildung wird aus eigener Tasche bezahlt.

Border Collies werden bei allen deutschen Rettungshundestaffeln als Neuzugänge meist besonders gern – wenn auch noch sehr selten – gesehen.

Voraussetzungen: An den Rettungshund werden sowohl in physischer als auch in psychischer Hinsicht besondere Anforderungen gestellt: Der Hund muß in guter Kondition sein, feste Bänder und gesunde Gelenke besitzen. Er sollte vom Welpenalter an an viele Menschen gewöhnt sein und gut mit anderen Hunden auskommen. Darüber hinaus sollte er geräuschunempfindlich sein und eine starke Führerbindung haben. Zusätzlich ist eine solide Grundausbildung des Hundes erforderlich.

An den Hundeführer müssen ähnlich hohe Ansprüche gestellt werden. So gehören beispielsweise eine Erste-Hilfe-Ausbildung und eine umfassende Grundausbildung mit Schulungen in Trümmer- und Kartenkunde, Bergung, Einsatzplanung usw. bei den meisten Staffeln zum Standardprogramm für den zukünftigen Hundeführer.

Wo: In den meisten größeren Städten gibt es eine oder mehrere Rettungshundestaffeln. Es ist empfehlenswert, sich die verschiedenen Trainingsgelände gründlich anzusehen. So sind beispielsweise nicht überall Trümmergelände zum Üben verfügbar. Das Trainingsprogramm sollte Mensch und Hund zu einem verläßlichen Team machen und dabei den Hund und den Rettungshundeführer langsam aufbauen, um gegenseitiges Vertrauen zu festigen.

Informationen über Rettungshundestaffeln bekommt man z. B. beim Deutschen Roten Kreuz, bei der Johanniter Unfallhilfe oder beim Technischen Hilfswerk.

Andere Aufgabenfelder

Ein intelligenter Hund wie der Border Collie kann fast alles lernen, hier ist oft allein die Phantasie des Menschen gefragt. Ob als Jagdhund oder Leithund eines Schlittengespannes, als Behindertenbegleithund oder als „Clown“, Hauptsache ist nur, der Hund bekommt die Gelegenheit, etwas für „seinen“ Menschen zu tun.

Hütetrails

Einen Überblick über die vielseitigen Fertigkeiten des Border Collies allein bei der Hütearbeit gibt die Aufgabenstellung eines Hütetrails, einer Prüfung der Fertigkeiten des Hütehundes.

Getestet werden bei dieser Prüfung die Fertigkeiten des Sammelns, Heranbringens, Treibens, Vereinzelns und Einpferchens – Aufgaben, die sich dem Arbeitscollie im täglichen Leben auf der Farm ständig stellen.

Alle Hüteprüfungen in Großbritannien werden nach den Regeln der ISDS (International Shepdog Society = Internationale Gesellschaft für den Gebrauch von Hütehunden) abgehalten.

Bei den in Deutschland veranstalteten Hütetrails gelten zum größten Teil dieselben Regeln. Der deutsche Trailkurs unterscheidet sich nur durch eine weitere Aufgabe, das „Trichtern“, bevor die Schafe in den „Shedding ring“ gehen, vom britischen Kurs.

Während des gesamten Trails sollen Mensch und Hund in völligem Verstehen und Vertrauen als Team zusammenarbeiten. Der Hund ist der

Hütetraining mit Norman Seamark, einem englischen Ausbilder

verlängerte Arm des Schäfers und muß als solcher reagieren, gebraucht aber die ihm angeborene Intelligenz im Kontakt mit den Schafen. Das Ziel ist eine ruhige Kontrolle ohne übermäßig viele Kommandos vom Hundeführer und die vollständige Beherrschung der Schafe durch das Team.

Der Ablauf eines Trails. Eine Hüteprüfung wird meist auf einer großen Weidefläche abgehalten. Auf dieser Fläche befinden sich Gatter, die von den Schafen in einer bestimmten Reihenfolge durchlaufen werden müssen (der „Kurs").

Die Prüfung beginnt mit dem Herauslassen der Schafe am oberen Ende des Kurses. Schäfer und Hund befinden sich am unteren Ende. Der Schäfer steht an einem Pfosten, den er nicht verlassen darf, bis sich die Schafe im „Shedding ring" befinden (beim deutschen Trail bis zum „Trichtern"). Der Schäfer dirigiert seinen Hund nur mit Pfiffen und Wortkommandos über den Trail.

Bei jeder Hüteprüfung gibt es eine Maximalzeit zur Absolvierung des „Kurses", die nicht überschritten werden darf.

Der Hundeführer darf die Schafe nicht berühren, das Angehen eines Schafes durch den Hund wird nur in besonderen Fällen toleriert (wenn sich beispielsweise ein besonders widerspenstiges Schaf gegen den Hund wendet).

Der „Outrun". Als Outrun bezeichnet man das Hinauslaufen des Hundes zu den Schafen. Der Hund kann entweder an der rechten oder linken Seite des Kurses losgeschickt werden. Er soll ohne weitere Befehle seines Herren schnell und in einem schönen Bogen hinauslaufen, der ihn hinter die Schafe bringt. Dabei darf er die Schafe nicht aufregen, soll ihnen aber die Möglichkeit nehmen, zu ihrem Pferch zurückzulaufen. Der perfekte Outrun bedarf nur eines Kommandos.

Für jedes Abweichen dieser Vorgaben gibt es Punktabzug. Als besonders schwerer Fehler gilt es, wenn der Hund den Kurs kreuzt und die Schafe von der entgegengesetzten Seite sammelt, zu welcher er dirigiert wurde.

Der „Lift". Das „Aufnehmen" der Schafe durch den Hund. Dies ist der erste Kontakt des Collies mit den Schafen, hier muß er seine Autorität durchsetzen und zeigen, wer der Boss ist. Er wendet die Schafe in gleichmäßigem und ruhigem Tempo auf den Weg das Feld hinunter zu seinem Herrn.

Der „Fetch". Dies ist möglicherweise der leichteste Teil der Prüfung. Das Heranholen der Schafe das Feld herunter zum Hundeführer ist die natürliche Aktion des Arbeitscollies. Getestet wird die Fähigkeit, die Schafgruppe in gerader Linie zu halten und durch zwei etwa sieben Meter auseinandergestellte Tore zu bringen. Die Schafe sollen dabei zusammenbleiben und sich ruhig bewegen, ohne jedoch zum Grasen anzuhalten.

Die Schafe müssen am Ende der Strecke so knapp wie möglich um den Schäfer herum gewendet werden.

Der „Drive“. Treiben muß dem Collie gründlich beigebracht werden. Seine natürlichen Instinkte lassen ihn die Schafe immer auf seinen Herrn zutreiben. Hier wird aber eine stetige Beherrschung der Schafe, die richtige Geschwindigkeit auf einer geraden Linie, vom Schäfer weg verlangt. Der Hund muß die Schafe so durch den ersten Satz Treibtore bringen und sie dann wenden. Darauf folgt das Quertreiben über 150 Meter. Der Hund muß die Schafe im Abstand von etwa 130 Metern vom Hundeführer quer über das Feld bewegen, durch den zweiten Satz Treibtore bringen und erneut wenden. Die letzte Treibaufgabe, um das Treibdreieck zu vervollständigen, ist das Zurückbringen über 150 Meter zum Hundeführer. Als Fehler gelten hier besonders zu weite Wendungen und eine zu hohe oder zu geringe Geschwindigkeit der Schafe.

Das „Trichtern“. Diese Aufgabe wird bei deutschen Trails gestellt, weil sie zum täglichen Aufgabenbereich der Arbeitscollies in Deutschland gehört. In England gibt es diesen Teil des Trails nicht. Die Schafe werden vom letzten Treibtor zum Trichter getrieben, sie müssen diese Anlage einzeln passieren. Der Schäfer darf erstmals seinen Platz verlassen und den Durchlauf der Schafe überwachen. Die markierten Schafe werden von ihm in den Sortierpferch gelassen. Der Hund überwacht den Trichtereingang und verhindert, daß Schafe ausbrechen. Danach werden die markierten Schafe wieder herausgelassen, und der Hund muß beide Gruppen wieder zusammenführen und zusammenhalten.

Der „Shedding ring“. Der Shedding ring ist auf dem Boden mit Sägemehl markiert und hat einen Durchmesser von 40 Metern. Die Schafe müssen vom Hund in diesen Ring gebracht werden. Eines der Tiere muß nun vom Hund abgetrennt werden.

Der „Fetch“: Der Hund hat die Schafe aufgenommen und treibt sie dem Schäfer zu

Am „Pen" muß der Hund die Schafe „mit dem Auge" festhalten

Bei diesem Test wird das unmittelbare Zusammenspiel zwischen Schäfer und Hund getestet. Der Schäfer muß eine mögliche Lücke in den Schafgruppen erkennen, und der Hund muß sich auf seinen Befehl sofort in diese Lücke schieben, um die Schafe abzutrennen. Wenn das Abtrennen geschehen ist, werden die Schafgruppen vom Hund vereinigt und so lange im Shedding ring gehalten, bis der Hundeführer den „Pen", den Pferch, erreicht hat, wo dem Collie die letzte Aufgabe gestellt wird.

Fehler sind z. B., wenn der Hundeführer die Trennung mehr oder weniger alleine durchführt, oder wenn der Hund das Kommando, zwischen die Schafe zu kommen, nicht befolgt.

Der „Pen". Wie der Abtrenntest, ist auch das „penning" ein Teamtest für Herr und Hund. Die Schafe werden aus dem Shedding ring zum etwa 3 x 3 Meter großen Pferch getrieben. Dieser Pferch ist aus Hürden konstruiert und hat ein etwa drei Meter breites, in Angeln hängendes Tor, an dem ein etwa zwei Meter langes Seil befestigt ist. Der Hundeführer kontrolliert dieses Tor, indem er das Seil festhält. Der Hund muß nun mit ruhiger Kontrolle Durchbrüche und Entkommen von Schafen verhindern, sie „mit seinem Auge" festhalten und ihnen keine andere Möglichkeit lassen, als in den Pferch zu gehen. Abzüge von der Gesamtpunktzahl gibt es besonders für unbesonnene Bewegungen oder Konzentrationsverlust des Hundes.

Als größte Ehrung in der Welt der Hütehunde wird in England das „Blaue Band" und der Titel „International Supreme Champion" verliehen. In einer großen Zahl von landesweiten Hüteprüfungen qualifizieren sich jährlich die besten Hundeführer für das „National Championship". Das Ziel eines jeden Farmers und Schäfers ist, dabei mindestens unter die ersten 15 zu kommen, denn diese bilden die Mannschaft des Landes, die sich dann beim International Trail mit den Mannschaften der anderen Länder der ISDS mißt.

Das dreitägige „International" findet jedes Jahr im September abwechselnd in England, Schottland oder Wales statt. Auch hier ist das Ziel, an den ersten zwei Tagen unter die ersten 15 zu kommen. Diese 15 Collies bewerben sich am dritten Tag um den Gesamtsieg, das „Blaue Band" und den begehrten Titel „International Supreme Champion".

Um zu seiner Arbeit zu kommen, ist dem Border jede Transportmöglichkeit recht

Die Ausbildung eines Border Collies

Border Collies sind Hunde, die vom Welpenalter an eine konsequente Ausbildung im Hinblick auf ihre spätere Aufgabe erfahren sollten. Dabei ist es aber auch gerade der intelligente Border Collie, der bei der Erziehung – auch schon zum Grundgehorsam – ganz spezielle Anforderungen an seinen Halter stellt. Oberste Maxime beim Training eines Border Collies sollte das Motto „Fehler vermeiden" sein. Hiermit ist die falsche Konditionierung durch den Menschen gemeint, das Training mit falschem Timing, unter zu geringer Motivation usw.

Resultat einer falschen Konditionierung ist beispielsweise folgender Fall: Ein Border-Collie-Welpe wurde immer, wenn er im Haus eine „Pfütze" gemacht hatte, herausgelassen. Nachdem dies im Abstand von mehreren Tagen dreimal passiert war, machte der Welpe absichtlich und lief dann wedelnd zur Tür, um herausgelassen zu werden. Als der Hundehalter diese falsche Verknüpfung bemerkte, wurde der Hund zweimal nach absichtlichen „Pfützen", die offensichtlich nicht aus einer „Not" entstanden waren, *nicht* hinausgelassen, woraufhin der Welpe stubenrein war.

Die Liste von unabsichtlich durch den Hundehalter hergestellten falschen Verknüpfungen ließe sich noch beliebig lange fortsetzen. Tatsache ist, daß der Border Collie unerwünschtes Verhalten natürlich genauso schnell lernt wie erwünschtes. Aus diesem Grunde muß sich der Trainer ständig darüber im klaren sein, was genau er eigentlich gerade belohnt oder bestraft. Daß Belohnung nicht immer Futter oder Spiel sein muß, zeigt das vorangegangene Beispiel. Für diesen Welpen war herausgelassen zu werden schon Belohnung genug, um diese nicht erwünschte Verknüpfung herzustellen.

Eine Bestrafung muß auch nicht unbedingt aus Schütteln am Nackenfell oder lauten Worten bestehen. Der Border reagiert genauso empfindlich auf Launen des Trainers – etwa „Ärger am Arbeitsplatz" – oder auf häufiges „Nichtbeachtetwerden". Die extreme Reaktion vieler Border Collies auf unkontrolliertes Training zeigt folgendes Beispiel sehr deutlich: Eine Border-Collie-Hündin sollte lernen, einen Gegenstand vom Boden aufzunehmen und festzuhalten. Sie begriff schnell, was von ihr verlangt wurde, aber beim dritten Aufnehmen des Gegenstandes bückte sich der Ausbilder hinunter, um der Hündin zu helfen, als sich diese gerade mit dem Gegenstand im Fang aufsetzen wollte. Die beiden kollidierten kräftig – Hundeschädel gegen Trainerkinn – was dem Ausbilder die Tränen in die Augen trieb und ihn zu lautem Fluchen veranlaßte. Die Hündin bezog diese lauten Worte und den „Schlag auf den Kopf", den sie ja erhalten hatte, auf die Handlung, die sie gerade vollzog. Es brauchte sechs Wochen geduldiges – und diesmal kontrolliertes – Training, bis sie sich wieder dazu überreden ließ, erneut einen Gegenstand aufzunehmen.

Dieses Beispiel zeigt sehr deutlich, wie wichtig es ist, den Border Collie nur dann intensiv zu trainieren, wenn der Ausbilder wirklich den „Kopf frei hat" von Alltagssorgen und -ärger. Fehler, die der Hund macht, müssen sofort korrigiert werden, aber Fehler, die ohne die Schuld des Hundes während des Trainings entstehen, wie etwa die „Kollision" im obrigen Beispiel, dürfen sich keinesfalls auf das Training auswirken. Ein erfahrener Ausbilder wird über diese Sachen hinwegsehen, notfalls den Hund in einen anderen Raum bringen, bis sich der Ärger gelegt hat, dann vom Hund noch etwas verlangen, was dieser gut beherrscht, und das Training so für beide positiv abschließen.

Er hat die Ausbildung noch vor sich: ein acht Wochen alter Welpe

Mit der Maxime „Fehler vermeiden" ist aber auch gemeint, unerwünschtes Verhalten gar nicht erst entstehen zu lassen. Kann ein Welpe beispielsweise nicht genügend beaufsichtigt werden, sollte er so untergebracht werden, daß er nichts kaputtmachen kann.

Wenn ein junger Hund noch nicht zuverlässig kommt und gerade mit einer „Hundebekanntschaft" spielt oder intensiv schnüffelt, sollte er nicht gerufen werden, damit er dies nicht ignorieren kann und so lernt, nicht auf das Rufen seines Menschen zu reagieren. Sinnvoller ist es hier, entweder zu warten, bis der Hund von alleine kommt, und ihn dann, während er kommt, zu rufen, oder ihn einzufangen. Alles in allem ist es viel einfacher, den Hund durch Loben auszubilden als mit dem ständigen „Nein" der negativen Erziehung. Ein Border Collie, der „Nein" öfter hört als seinen Namen, wird sich mit hoher Wahrscheinlichkeit als erwachsener Hund stets gedrückt und unterwürfig zeigen. Ein Border Collie aber, der viel Förderung und Lob erhalten hat, der viel unerwünschtes Verhalten gar nicht erst entwickeln konnte, weil die entsprechende Situation durch die Voraussicht des Hundeführers fehlte, wird mit großer Wahrscheinlichkeit ein selbstbewußter Hund, der sich vielen Situationen problemlos anpassen wird, weil er seinem Menschen vertraut.

Wer einen Border Collie trainiert, muß sich also zunächst einmal selber entsprechend trainieren. Sowohl die innere Einstellung als auch das Grundwissen über das Hundegehirn, die Art des Hundes, zu lernen, muß vorhanden sein. Aus diesem Grunde folgt hier eine kleine Einführung in das „Seelenleben" des Hundes.

Wie lernt ein Hund?

Das Gehirn eines Hundes arbeitet anders als das eines Menschen. Der Hund hat kein Gedächtnis, wie wir es kennen: Er kann nur sehr bedingt in der Vergangenheit und in der Zukunft denken. Auch fehlt ihm fast ganz die Fähigkeit, abstrakt zu denken. Das Gedächtnis des Hundes arbeitet fast ausschließlich über ein „Auslöser"-Prinzip, das heißt, wann immer der Hund einen Reiz über seine Sinnesorgane aufnimmt, wird von seinem Hirn automatisch die Reaktion ausgelöst, die derselbe Reiz bei seinem letzten Auftreten hervorgerufen hat.

Durch Training und Konditionierung kann diese „automatische" Reaktion des Hundes geändert werden. Dabei kommt es oft zu einem Konflikt zwischen instinktiver und erlernter Reaktion. Hierbei ist die Motivation des Hundes überaus wichtig. Mit der geeigneten Motivation kann ein Hund sogar lernen, sich entgegen der vererbten instinktiven Reaktion zu verhalten. Die Voraussetzung hierfür ist allerdings ein perfektes Timing bei der Vergabe der Belohnungen, um dem Hund das verlangte Verhalten verständlich zu machen.

Wenn der Hund also auf einen Reiz reagiert, versucht sein Gehirn, allen existierenden Variablen gerecht zu werden. Der Hund befindet sich dann in einem Konflikt zwischen Instinkt und erlernter Reaktion, zwischen Hormonen und körperlichen Bedürfnissen. Zu den zu verarbeitenden Variablen zählen außerdem auch die Umgebung, die Reizlage, Streßfaktoren und vieles mehr. Alle diese Dinge lösen das aus, was das Gehirn des Hundes für „die richtige Reaktion" hält. Der Hund ist sich dabei keiner Konsequenzen bewußt, aber wenn sein Verhalten keine positive Reaktion (oder sogar eine negative beim Sozialpartner (in diesem Fall

Diszipliniert und dennoch locker

dem Menschen) hervorruft, kann er das nächste Mal anders reagieren. Ohne die korrekte Kanalisierung des Verhaltens ist diese nächste Reaktion aber möglicherweise genauso falsch – aus Menschensicht. Um einen Hund gezielt auszubilden, muß der Mensch deshalb die Anleitung übernehmen und dem Hund genau zeigen, welches Verhalten verlangt wird. Das sollte auf eine Art passieren, die das Tier versteht.

Von dem Moment an, wo der Hund gemäß seiner Art zu reagieren und zu denken trainiert wird, geht es mit der Ausbildung dann meist schnell voran.

Wichtig für diese Ausbildung sind zwei Dinge: die Motivation (das, wofür der Hund etwas tun möchte, die

Futterbelohnung, das Spielzeug etc.) und das Timing (der exakte Zeitpunkt, zu dem er es bekommt).

Motivation

Um Befehle auszuführen oder neu zu lernen, muß ein Hund hinreichend motiviert werden: Auch der Hund arbeitet – genau wie der Mensch –, um Spaß zu haben oder eine Belohnung zu bekommen. Ohne Motivation langweilt sich auch der eifrigste „Arbeiter" und „schläft ein" oder wacht gar nicht erst auf. Am erfolgreichsten funktionieren als Motivatoren beim Lernen Spiel und Futtergier, kombiniert oder einzeln eingesetzt.

Futter und Spiel sind bei den Caniden (Hundeartigen) direkt miteinander verbunden: Spiel ist der natürliche Weg, um Jagen (Futter) und andere zum Überleben nötige Verhaltensweisen zu erlernen.

Motivation kann sich auch durch anderes entwickeln: So sind beispielsweise das Lob des Trainers oder der große Spaß, etwas auszuführen, was der Hund durch den Ausbilder bereits als „tolles Spiel" erfahren hat, für manchen Hund Motivation genug.

Einige Hunde brauchen bedeutend stärkere Motivation als andere. Aber alle reagieren eifrig und begeistert, wenn die passende Motivation im entscheidenden Augenblick eingesetzt wird. Das muß in einer Weise geschehen, die es dem Hund möglich macht, die Belohnung/Motivation direkt mit der vom Trainer erwünschten Handlung zu verknüpfen. Ein Hund kann so mit korrekter – und vor allem auch zeitlich passender – Motivation (Timing) lernen, alle vom Ausbilder kommenden Aufgaben als „großen Spaß" zu sehen. Er lernt so, daß jedes noch so kleine Teil der ihm gestellten Aufgaben das Beste ist, was ihm passieren kann. Wenn alles richtig läuft, braucht der Hund dann keinen Ausweg aus der großen Langeweile und Frustration zu suchen, die die Hundeausbildung so oft ist. Bei einer langweiligen und schlecht motivierten Unterordnung ist oft schon allein das Beenden der Übung eine Belohnung. Das ist genug Grund für den Hund, das gleiche Verhalten bei der nächsten Gelegenheit erneut zu zeigen, nur um „erlöst" zu werden. Dabei lernt der Hund sehr schnell ein Verhalten, das höchst unerwünscht ist.

Timing

„Timing" ist der zeitlich korrekte, präzise und „hundegemäße" Einsatz von Belohnung und Motivation beim Hundetraining. Richtiges Timing erfordert vom Hundeausbilder vor allem das Verständnis für die besondere Denkweise des Hundes und gründliche – theoretische – Vorbereitung jedes Ausbildungsabschnittes.

Ein Border Collie kann jede Art von Vieh und Geflügel hüten. Hier Jack in the box vom Weideland an Enten

Noch einmal zum „Auslöser"-Prinzip der hündischen Denkweise: Das Hundegehirn verarbeitet alle existierenden Reize, die im Augenblick passieren und reagiert automatisch darauf. Der Hund kennt also weder die Konsequenz einer Handlung („Wenn ich jetzt nicht gehorche, dann…"), noch kann er bewußt in die Vergangenheit zurückdenken („Als ich gestern nicht gehorchte, da passierte…"). Er reagiert unmittelbar auf eine Fülle von Umweltreizen, wobei diese eine bestimmte Gewichtung haben, die sich nach Erfahrungswerten und Instinkt richtet.

Es ist in der Hundeausbildung unverzichtbar, daß sich der Trainer klarmacht, welche genaue Reaktion des Hundes er gerade lobt.

Durch falsches Timing wird oft das exakte Gegenteil des erwünschten Verhaltens gelehrt.

Das bekannteste Beispiel für das „Verleiden" einer erwünschten Handlung und die „Vermenschlichung" der Denkweise des Vierbeiners ist ein Hund, der auf das mehrmalige Rufen seines Herren nicht sofort herankommt, sondern erst noch ausgiebig herumschnüffelt („Kommen ist gut – schnüffeln ist besser"). Der Hundebesitzer, inzwischen ungehalten, begrüßt den Hund beim „verspäteten" Herankommen mit bösen Worten („Warum kommst du jetzt erst…") und eventuell mit einem Klaps.

Was der Hundeführer in dieser Situation bestraft, ist – jetzt wohl für jeden offensichtlich – die eigentlich erwünschte Reaktion, das Herankommen seines Hundes.

Die Motivation zum Herankommen war bei diesem Hund geringer als das Interesse an Geruchsspuren. Es sollte hier statt einer Strafe, die das Herankommen verleidet, überschwengliches Lob oder eine Futterbelohnung gegeben werden, um die Motivation zu verstärken. Nur so wird beim nächsten Heranrufen die Reaktion des Hundes die vom Trainer erwünschte Richtung nehmen („Schnüffeln ist gut – kommen ist besser").

Der Hund verbindet Lob, Belohnung oder Strafe immer mit dem, was er gerade – im selben Augenblick – tut. Manchmal entscheiden nur Sekunden, ob der Hundeführer das erwünschte Verhalten, oder eine andere unter Umständen genau gegensätzliche Reaktion „herauslobt".

Deshalb ist für den Ausbilder bei komplizierten Übungen (wie beispielsweise dem „Apportieren") vor dem Training eine „Trockenübung" ohne den Hund hilfreich. Dabei kann sich der Hundeausbilder deutlich klarmachen, wann genau das Lob erfolgen muß, damit die Reaktion des Hundes die erwünschte ist, ohne den Hund gleich zu Beginn der Übung durch ein unpräzises „Handling" zu verwirren.

Wenn jede Übung mit Spaß und ohne Zwang angegangen wird, Motivation und Timing korrekt sind und der Hundetrainer genau weiß, was er erreichen will, sollte die Hundeausbildung in großen Schritten vorangehen.

„Ich-möchte-etwas-lernen"-Training

Dies ist kein Kommando, sondern die Einstellung des Hundes, die sich vor und bei einem erfolgreichen Training entwickeln sollte. Wenn das erreicht ist, wird der „Schüler" bei jedem Spiel/Training und bei der Ausübung der schon bekannten Kommandos unmißverständlich zeigen: „Ich möchte etwas lernen, das ist ein tolles Spiel."

Das Geheimnis dieser „Arbeitseinstellung" ist, den Hund bei allem, was erreicht werden soll, permanent interessiert und aufmerksam zu halten. Hierfür ist es anfangs sehr wichtig, dem Hund das Spielen beizubringen – das Spielen mit dem Menschen, nicht mit dem Hundespielzeug allein.

Um das zu unterscheiden, muß der Trainer lernen, seinen Hund zu lesen, das heißt, die Reaktionen des Hundes richtig zu „übersetzen". Wer vorhersieht, wie sein Hund reagiert, kann ihn frühzeitig von unerwünschtem Verhalten abhalten und ihn statt dessen zum erwünschten Verhalten ermutigen. Das Lesen des Hundes erspart dem Ausbilder so oft laute Worte und eine abgebrochene, unbefriedigende Übung und dem Hund das frustrierende Erlebnis eines schimpfenden und enttäuschten Ausbilders.

Das Ziel ist, den Hund durch permanente Erfolgserlebnisse gezielt zu motivieren und zu steuern. Das ganze Training sollte für den Hund ein Spiel sein, in dem der Ausbilder ständig Vertrauen und Vergnügen aufbaut. Auch beim Anwenden von Kommandos sollte die Spielhaltung beibehalten werden, so daß ein Außenstehender kaum unterscheiden kann, was Spiel und was Training ist.

Blue-merle-Hündin Ch. Cories Diminuendo

Trainingsgrundlagen

Der beste Weg, einen Hund zu trainieren, ist der spielerische. Das Spiel ist die Motivation Nr. 1 bei fast allen Hunden.

In der freien Wildbahn lernen Jungwölfe frühzeitig durch Spiel das korrekte Sozialverhalten im Rudel. Sie üben außerdem schon als Welpen spielerisch alle zum Jagen nötigen Fertigkeiten. Unsere Hunde kommen meist nicht über das Entwicklungsstadium des juvenilen Wolfes hinaus. Spiel bleibt darum immer ein überaus wichtiger Teil im Leben eines domestizierten Hundes.

Diese Spielbereitschaft der domestizierten Hunde ist neben der „Futtergier“ das wichtigste Werkzeug in der Ausbildung.

Wenn ein Hund gar nicht mehr oder nur mit einem Gegenstand und nicht mit dem Menschen spielt, kann und sollte er das Spielen erneut erlernen.

Bei der Ausbildung eines jungen Border Collies gilt generell:

Alle Hundespielzeuge gehören dem Ausbilder und kommen nur zum Einsatz, wenn auch der Lust zum Spielen hat.

Der Hund darf kein Spielzeug zur alleinigen, permanenten Verfügung haben.

Von Zeit zu Zeit wird das hervorgeholt, was das „Haupthundespielzeug“, die Motivation beim Training werden soll, und für den Hund durch Hochwerfen und Wiederauffangen interessant gemacht. Er bekommt es jedoch nicht. Erst wenn er deutliches Interesse zeigt, darf er für kurze Zeit mitspielen. Dabei bleibt das Spielzeug stets in der Hand des Menschen. Der Hund darf sich nicht allein damit beschäftigen, und das Spiel muß aufhören, solange er noch Spaß daran hat. Der Hund muß den Menschen zum Spiel auffordern, nicht umgekehrt.

Wenn das oben Gesagte korrekt befolgt wird, wird der Hund bald deutlich zum Spiel auffordern, wenn der Mensch das Spielzeug hervorholt.

Jetzt kann damit begonnen werden, das Spielen in das Training einzubinden.

Als Spielzeug zum Training eignen sich besonders die sogenannten „Zottelstricke“. Der Hund wird hier durch das gemeinsame Ziehen an diesem Strick belohnt, es handelt sich um eine Belohnung über den Beutetrieb des Hundes. Diese Stricke haben den Vorteil, daß der Hund immer beim Ausbilder belohnt wird (nicht von ihm entfernt, wie beim Werfen eines Balles). Durch die Belohnung über diesen Strick wird der Beutetrieb gefördert (wichtig für eine etwaige spätere Ausbildung zum Rettungshund). Der Hund kann durch das gezielte kurze „Gewinnenlassen“ (der Hund darf den Strick für sich allein haben und damit „Beuteschütteln") aufgebaut werden, oder es kann Dominanz gegenüber dem Hundeführer abgebaut werden, indem der Hund die Beute abtreten muß.

Einzelne Übungen

Grundsätzlich gilt: Der Hund wird vor jedem Training mit Spiel oder Futter auf den Ausbilder fixiert (das „Ich-will-etwas-lernen"-Training). Der Hund wird dadurch sozusagen „eingeschaltet", seine Konzentrationsfähigkeit durch das Durchlaufen der immer gleichen Rituale deutlich erhöht.

Jede neue Übung wird zuerst in einem dem Hund vertrauten Raum ohne Ablenkung trainiert. Erst wenn der Hund hier hundertprozentig „funktioniert", verlegt man das Training dieser Übung in einen umzäunten und dem Hund vertrauten Garten oder anderes Gelände. Hier werden dieselben Trainingsstufen durchlaufen wie zuvor beim „Küchentraining", und erst wenn der Hund auch hier positiv reagiert, beginnt man mit dem Training unter Ablenkung, das dann langsam gesteigert wird.

Sehr wichtig ist auch ein „Auflösebefehl" wie „es ist gut", „geh spielen" o. ä. Zu diesem Zweck wird der Hund bei jeder Übung leicht fest gehalten, dann losgelassen, wobei gleichzeitig ein Kommando zum Aufheben der Übung gegeben wird. Der Hund lernt so, in der jeweiligen Körperhaltung zu verharren, bis ihm erlaubt wird, wieder „seiner Wege zu gehen".

„Sitz". Zum Erreichen der sitzenden Stellung wird ein Spielzeug oder Leckerli etwas außer Reichweite des Hundes über seinen Kopf hinweg zum Hundeende bewegt. Der Hund wird also, indem er versucht, das Spielzeug zu erreichen, sanft in die sitzende Stellung genötigt. Sobald er sitzt, erhält er das Spielzeug/Leckerli. Nach einigen Malen wird sich der Hund bereits unaufgefordert setzen, wenn er in die gleiche Lernsituation gebracht wird. Jetzt kann der Ausbilder beginnen, das Kommando „Sitz" einzubringen, während der Hund sich setzt. So verknüpft er das Kommando mit der Bewegung und der Belohnung.

„Platz". Dem sitzenden Hund wird ein Spielzeug/Leckerli unter die Nase gehalten, dann zügig nach unten und dann nach vorne gezogen. Der mit der Nase folgende Hund wird evtl. noch mit einem leichten Druck auf die Schulterpartie in eine liegende Stellung gebracht.

Indem man langsam die Handbewegungen reduziert und auch beginnt aufzustehen, sollte der Hund bald lernen, sich ebenso wie beim „Sitz", beim Setzen einer bestimmten Lernsituation spontan hinzulegen. Jetzt kann der Ausbilder wieder beginnen, das Kommando „Platz“ o. ä. einzuführen und zu verknüpfen, während der Hund sich legt.

Herankommen. Das Herankommen ist meist ein Problem, weil darauf verzichtet wird, es zu Hause, beim „Küchentraining“ korrekt zu verknüpfen. Generell gilt: Wenn der Hund schon im Haus nicht kommt, „funktioniert“ es draußen, unter Ablenkung, erst recht nicht. Also muß auch hier der Trainingsweg eingehalten werden. Wichtig ist auch die Wahl eines Kommandos wie „Komm!“ oder ähnliches. Viele Hunde sind desensibilisiert auf ihren Namen weil sie diesen ständig hören. Darauf zu verzichten, den Hund im Alltag mit Namen anzureden, fällt erfahrungsgemäß sehr schwer, deshalb ist ein Extra-Kommando für das Herankommen die bessere Lösung.

Das Training des Herankommens besteht hauptsächlich aus dem Heranlocken des Hundes und dem sofortigen Belohnen dieser Handlung. Wenn man sicher ist, daß er in der Wohnung zuverlässig herankommt, beginnt man, das Kommando, während er kommt, mit der Handlung zu verknüpfen.

Das Training für die Ausstellung

Das Training für einen potentiellen Ausstellungshund kann schon in den ersten Lebensmonaten beginnen. Wichtig ist vor allem, daß der junge

Weidelands Sita in der rassetypischen geduckten Arbeitshaltung

Alle Aufmerksamkeit auf den Richter. Ch. Beagold Red Baron im Ring

Hund von Anfang an daran gewöhnt wird, sich unter Menschen und anderen Hunden ohne Scheu zu bewegen. Diese Art Training ist auch für einen Hund, der später nicht auf Ausstellungen gezeigt werden soll, unerläßlich. Der junge Hund entwickelt sich dabei zu einem selbstbewußten und zuverlässigen Begleiter, egal mit welcher ungewöhnlichen Situation, sei es eine große Menschenmenge oder ein hoher, ungewohnter Geräuschpegel, er konfrontiert wird.

Von einem Ausstellungshund wird im Ring erwartet, daß er sich auf „seinen" Menschen konzentriert und sich von diesem optimal vorstellen läßt. Er sollte sich, zumindest während seiner Einzelbeurteilung durch den Richter und in der Zeit der Gruppenbeurteilung, stehend präsentieren und einen geweckten, aufmerksamen Ausdruck zeigen. So bringt er seine Vorzüge deutlich zur Geltung.

Zum grundsätzlichen „Benimm" auf einer Ausstellung gehört auch, daß der Aussteller auf die Abläufe im Ring achtet und nicht mehrmals aufgefordert werden muß, wenn seine Klasse gerichtet werden soll.

Im Ring stellt sich jeder Aussteller auf seinen Platz, entsprechend der Startnummer, die er erhalten hat. Der Hund sollte schon jetzt immer korrekt gestellt werden, auch, wenn der Richter scheinbar nicht auf die Tiere achtet.

Ist die Klasse vollzählig, beginnt das Richten meist damit, daß sich der Richter jedes Tier kurz ansieht, etwa den Ausdruck prüft, die Festigkeit des Rückens etc.

Ist die Klasse übersichtlich oder der Ring geräumig, wird der Richter nun die gesamte Klasse „laufen lassen“, d. h., die Bewegung der Hunde in der Gruppe prüfen, um sich einen kurzen Überblick zu verschaffen. Schon hier scheiden oft Hunde durch aggressives Benehmen aus.

Zum „guten Ton“ gehört es, seinem Vordermann genügend Raum einzuräumen und nicht auf der Rute von dessen Hund „zu kleben“. Auch ist es zum eigenen Vorteil, den Hund etwas zurückzuhalten und erst dann mit Schwung zu präsentieren, wenn es „am Richter vorbei“ geht.

Nach der Gangwerkbeurteilung in der Gruppe folgt meist das Einzelrichten vor dem Richtertisch. Hierbei muß der Aussteller vor allem darauf achten, daß sein Hund auch vom Richter zu sehen ist, d. h. der Hund sollte in etwa einem bis eineinhalb Meter Abstand vom Richtertisch gestellt werden.

Der Richter wird den Aussteller nun auffordern, seinen Hund in der Bewegung vorzustellen.

Dabei soll dieser an einer losen Leine in etwa einem Meter Abstand neben seinem „Menschen“ herlaufen, ohne zu ziehen, da dies die korrekte Beurteilung des Gangwerkes erschwert, oft sogar unmöglich macht.

Der Richter beurteilt die Bewegung des Hundes von vorne, von der Seite und von hinten. Aus diesem Grund wird von den Richtern oft das sogenannte „Dreieck“ verlangt. Hierbei bewegt sich der Hund vom Richter in gerader Linie weg, läuft dann seitlich zum Richter und auf der dritten Seite des Dreiecks wieder auf ihn zu. Zu beachten ist hier besonders, daß der Richter das Gangwerk des Hundes beurteilen kann, nicht das des Hundeführers, d. h. der Aussteller sollte darauf achten, daß sich der Hund wirklich in gerader Linie zum Richter befindet. Bei den Wendungen an den Eckpunkten des Dreiecks wird der Hund immer innen gewendet, wobei der Hundeführer ruhig kurzzeitig langsamer werden kann. Hier hilft es oft, wenn der Aussteller den Kopf des Hundes mit der Hand in die richtige Richtung wendet. Bei der Beurteilung der Vorhand des Hundes muß ebenfalls darauf geachtet werden, daß sich der Hund in gerader Linie zum Richter befindet. Etwa zwei Meter vor dem Richter sollte angehalten werden, um den

Hund noch einmal korrekt im Stand vorzustellen. So vermeidet der Aussteller, daß der Richter zu einer letzten Beurteilung des Hundes extra noch einmal einige Schritte rückwärts gehen muß.

Ist der Platz im Ring begrenzt, greift der Richter oft auf die Vorstellung des Hundes in der Diagonalen zurück. Hierbei bewegt sich der Hund nur vom Richter weg, wird dann gewendet und läuft wieder auf diesen zu. Die Wendung des Hundes sollte nicht die „Unterordnungswende" um den Hundeführer herum sein, da der Hund so zeitweilig aus dem Blickfeld des Richters verschwindet. Entweder wird der Hund mit dem Knie innen gewendet, der Kopf des Hundes mit der Hand in die richtige Richtung gedreht oder, die elegantere Lösung, der Hund in einem weiten Bogen um den Hundeführer geführt. Dieser Bewegungsablauf wirkt sehr flüssig und wird deshalb von einigen „alten Ausstellungshasen" bevorzugt.

Nach der Gangwerksbeurteilung wird der Hund wieder im korrekten Abstand zum Richtertisch gestellt. Der Richter wird nun seinen Bericht diktieren und den Aussteller dann bitten, wieder in die Reihe der wartenden Hunde zurückzukehren.

Während der Einzelbeurteilung der anderen Hunde kann dem eigenen Hund erlaubt werden, sich für kurze Zeit zu entspannen.

Ist die Einzelbeurteilung abgeschlossen, sollte der Aussteller seinen Hund frühzeitig „wecken" und korrekt stellen, denn die endgültige Entscheidung über die Plazierung fällt erst jetzt. Unter Umständen werden noch zwei oder drei Hunde vom Richter „gegeneinander" gestellt, dies ist dann meist die Entscheidung um Platz eins oder zwei. Wirklich entspannen können Hund und Mensch erst, wenn die Entscheidung des Richters gefallen ist. Unter Umständen entscheidet hier auch die gekonnte Präsentation über den Sieg.

Vor dem Training für das Stehen sollte der junge Hund leinenführig sein und gelernt haben, auf „seinen" Menschen zu achten, wenn dieser ihn mit Futter oder Spielzeug lockt. Für das „Steh!" wird der Hund angeleint und in eine Position vor den Hundeführer gebracht. Sitzt der Hund, wird er durch ein leichtes Klopfen mit dem Fuß gegen den Hundebauch zum Aufstehen gebracht. Hierbei wird das entsprechende Kommando gegeben. Steht der Hund vor dem Hundeführer, wird ein Hinsetzen am besten dadurch verhindert, daß ein Fuß unter den Hund gehalten wird. Diese Position des Hundes wird anfangs für einige Sekunden aufrechterhalten, wobei das Kommando gesagt wird, dann wird abgebrochen und belohnt.

Früh übt sich ... Die beiden „Hundedamen" sind vier Monate alt

Mit zunehmenden Training steigt auch die Dauer des Verweilens in der Position, bis der Hund in der Lage ist, für etwa fünf Minuten in der verlangten Position zu bleiben. Durch das Locken mit Futter oder Spielzeug wird der Hund zum einen motiviert, in der verlangten Position zu bleiben und zum anderen dazu angehalten seine Ohren zu zeigen und so einen geweckten und lebhaften Eindruck zu machen.

Geübt werden sollte auch, daß sich der Hund vom Hundeführer durch Körperdrehung in die zum Richter günstigste Position bringen läßt.

Das Hütetraining

Das Hüten ist sicherlich die ureigenste Bestimmung des Border Collies. Die Arbeit von Hund und Mensch an Schafen ist bei einem sehr hütetriebstarken Hund auch durch Teamsportarten wie Agility oder die Arbeit als Rettungshund nicht zu ersetzen. Jeder, der einen Border ohne die Absicht erwirbt, mit ihm an Schafen zu arbeiten, sollte sich deshalb vor dem Kauf eines Hundes sehr genau über seine Abstammung informieren. Ein Hund aus einer Linie von Hütehundchampions und Trailarbeitern wird mit größter Sicherheit den starken Hütetrieb seiner Vorfahren geerbt haben, auch wenn er das als Welpe noch nicht erkennen läßt. Es gibt aber viele Linien, die sehr vielseitig begabte Hunde hervorbringen, welche „nur" über einen gemäßigten Hütetrieb verfügen. Wird bei einem solchen Hund der Trieb nicht „geweckt", d. h. durch Kontakt zu Schafen gefördert, erhält man mit der entsprechenden Ausbildung und Auslastung einen intelligenten und dabei zufriedenen und gesunden „Partner" in jeder anderen Disziplin.

Jeder seriöse Züchter wird Interessenten gerne über die Arbeitsfähigkeit seiner Hunde und deren Vorfahren, sowie deren Nachzucht informieren.

Bevor hier nun auf die Grundzüge des Hütetrainings eingegangen werden soll, folgen noch einige grundsätzliche Anmerkungen zum Hüten:

„Hüten" bedeutet im landläufigen Sprachgebrauch das Bewachen und Fortbewegen einer Herde Schafe mit einem Hund. Hierbei kommen aber sehr verschiedene Hunderassen zum Einsatz, die meist gemäß ihrem entsprechenden Verwendungszweck gezüchtet wurden. Es gibt Hunderassen, die die Herde verteidigen, sich aber um die Tiere selbst weniger kümmern. Die meisten Wanderschäfer brauchen Hunde, die besonders dazu geeignet sind, die Schafe an einem bestimmten Platz zu halten oder langsam grasend fortzubewegen.

Für beides ist der Border Collie nicht oder nur bedingt geeignet. Der Border Collie ist ein Koppelhütehund. Das bedeutet, er wird fast ausschließlich zum Sammeln, Umtreiben der Schafe auf eine andere Koppel, Aufteilen der Herde oder Abtrennen von einzelnen Tieren eingesetzt, kurz, zu allem benutzt, was dem Schäfer letztendlich den direkten Kontakt zum Schaf ermöglichen soll. Der Border Collie arbeitet dabei ständig,

Flocky, ein zobel-weißer Border Collie, beim Hütetraining. Der Trainer umrundet langsam die Schafe, der Hund bleibt automatisch ihm gegenüber, auf „12 Uhr"

und die Schafe sind dabei fast immer in Bewegung. Bleibt ein Border Collie unbeaufsichtigt an einer Herde Schafe, wird er diese entweder in eine Ecke der Koppel stellen und dort halten, oder sie ununterbrochen treiben. Über das Training eines Border Collies an Schafen gibt es einige sehr gute und ausgesprochen empfehlenswerte Bücher englischer Ausbilder. Einige von ihnen sind am Ende dieses Buches genannt. Dieses Kapitel soll nur einen Einblick in die Anfänge des Trainings geben.

Wichtige Befehle

Das wichtigste Kommando, das der Hund bei der Arbeit an den Schafen beherrschen muß, ist „Platz". Der Hund muß mit diesem Befehl zuverlässig gestoppt werden können.

Zwei andere Kommandos sind die Flankierkommandos „Rechts" und „Links". Beide Kommandos müssen vom Hund gut zu unterscheiden sein, also in unterschiedlichen Stimmlagen gegeben, oder mit Zusätzen versehen werden wie etwa „Nach rechts",

„Geh links“. Ein weiterer Befehl wird für den „Outrun“, das Herauslaufen zu den Schafen, gegeben, etwa „Lauf“ oder „Voran“. Alle diese Kommandos werden erst verbal, später dann mit Hilfe von Pfeifsignalen gegeben, die weiter tragen als die Stimme.

Das Training an den Schafen

Der Hund sollte mindestens sechs bis sieben Monate alt sein, wenn er das erste Mal zu den Schafen gelassen wird. Als Trainingsschafe sollten vorzugsweise Tiere benutzt werden, die recht vertraut sind, aber trotzdem noch Respekt vor einem Hund haben und vor ihm davonlaufen. Einem jungen, unerfahrenen Hund sollten weder schlechtgelaunte Böcke noch angriffslustige Mutterschafe mit Lämmern zugemutet werden. Beide können ihn für die Arbeit verderben.

Der Hund wird nun das erste Mal an die Schafe herangeführt und dort losgelassen. Optimal ist, wenn der Hund um die Schafe herumläuft und dabei Kopf und Rute gesenkt hält. Er wird den Bewegungen der Tiere folgen und diese eventuell in eine Ecke der Weide treiben und dort festhalten. Dieser kurze Kontakt des Hundes mit den Schafen reicht aus, um zu beurteilen, ob eine weitere Ausbildung des Hundes sinnvoll ist.

Die eigentliche Ausbildung des Hundes beginnt jetzt erst einmal mit der „Ausbildung“ der Schafe. Diese müssen sich daran gewöhnen, in der Mitte der Weide von den Zäunen entfernt gefüttert zu werden und hinter dem Ausbilder, der den Futtereimer trägt, herzulaufen. Der Hund wird während dieser Zeit am Weidetor abgelegt. Erst, wenn die Schafe dem Futtereimer folgen, wird der Hund dazugelassen. Er sollte dazu angehalten werden, den Schafen langsam zu folgen. Jetzt verändert der vorweggehende Mensch seine Position und beginnt, um die Schafe herumzugehen. Der Hund sollte folgen, indem die Schafe sich immer zwischen Hund und Mensch befinden. Der Hund lernt so, immer auf die sogenannte „Zwölf-Uhr-Position“, immer dem Menschen gegenüber, die Schafe zwischen Mensch und Hund, zu gehen. Durch das Verändern seiner Position kann der Ausbilder mit dem Hund jetzt die Befehle für rechts und links um die Schafe trainieren. Sollte diese Methode nicht funktionieren, werden die Flankierbefehle am besten an einem etwa 3 x 3 Meter großen Pferch trainiert, in dem sich die Schafe befinden. Der Hund wird zu diesem Zweck an eine lange Leine gelegt, und ein Helfer läuft mit ihm in die vom Ausbilder angegebenen Richtungen.

Hat der Hund die Richtungskommandos gelernt, beginnt der Ausbilder, seine Entfernung zum Schafpferch zu vergrößern. Mit den entsprechenden Kommandos wird der Hund nun um die Schafe herumgeschickt, wobei der Ausbilder darauf achten muß, daß der Hund in einem weiten Bogen um die Schafe herumläuft. Auf der „Zwölf-Uhr-Position" wird der Hund abgelegt. Läuft der Hund zuverlässig heraus und stoppt automatisch auf zwölf Uhr, gleich von welcher Seite er um die Schafe geschickt wird, kann der Pferch als Ausbildungshilfe entfallen. Der Hund sollte nun in der Lage sein, auf einer Weide um freilaufende Schafe herumzulaufen und diese „aufzunehmen", d. h. zwischen sich und seinen Herrn zu bringen. Da sich die Schafe vom Hund weg- und auf den Ausbilder zubewegen, kann der Hund nun ermuntert werden, den Schafen langsam zu folgen. Viele Hunde pendeln die Bewegungen der Schafe selbständig aus und bringen sie so zu ihrem Herrn, sonst hilft der Ausbilder dem Hund mit den entsprechenden Richtungskommandos.

Ein so ausgebildeter Hund ist in der Lage, zu den Schafen herauszulaufen, sie aufzunehmen und zu seinem Herrn zu bringen und auch dort zu halten. Zur weiteren Ausbildung zählt dann vor allem das Wegtreiben

Weidelands Sita beim Gänsehüten

vom Menschen, was sehr gründlich gelehrt werden muß, das Aufteilen einer Herde oder Abteilen einzelner Tiere und das Halten einzelner Tiere.

Interessenten können an den angebotenen Hüteseminaren der „Arbeitsgemeinschaft Border Collie“ teilnehmen. Diese Arbeitsgemeinschaft veranstaltet außerdem Hütetrails, wo man als Zuschauer viele gute Hunde bei der Arbeit bewundern oder als Teilnehmer die Arbeit des eigenen Hundes in den Wettbewerb mit anderen Hüteenthusiasten stellen kann. Zum Abschluß noch eine Anmerkung zur zweiten, an diesem Sport beteiligten Tiergattung: Schafe sind keine Sportgeräte! Wer einen Border Collie besitzt und diesem ermöglichen möchte, seiner Bestimmung nachzukommen und an Schafen zu arbeiten, sollte sich darüber im klaren sein, daß er sich damit noch ein zweites Hobby aussucht: die artgerechte Haltung von Schafen. Die Haltung von Schafen erfordert viel Sachkenntnis und Zeit, die Tiere müssen versorgt und gepflegt werden, es muß das entsprechende Weideland zur Verfügung stehen und vieles mehr. Alles in allem ist es weitaus einfacher, dem Hund – sofern er nicht über einen extremen Hütetrieb verfügt, und dann braucht er die tägliche, intensive Arbeit – eine andere Alternative als „Aufgabe“ anzubieten.

Die Zucht

Über Gene und Chromosomen

Wer Border Collies gezielt auf bestimmte Eigenschaften züchten will, muß sich vorher gründlich mit der Vererbungslehre, der Genetik, auseinandersetzen. Aus diesem Grunde soll hier eine kurze Einführung in die Grundzüge der Genetik erfolgen:

Jedes Lebewesen besteht aus Körperzellen. Alle diese Zellen besitzen einen Zellkern, in dem sich die Chromosomen, die Träger des Erbgutes, befinden. In jedem Zellkern befindet sich ein doppelter (diploider) Chromosomensatz.

Während der Reduktionsteilung (Meiose) gelangt eine „Hälfte“ von jedem Chromosomenpaar in die Ge-

Cories Cassandra, eine Blue-merle-Hündin mit „Brand“

Vier Monate alte Hündin

schlechtszellen. Diese enthalten dann den einfachen (haploiden), aber vollständigen Chromosomensatz.

Bei der Verschmelzung der männlichen und weiblichen Eizelle, der Befruchtung, entstehen dann wieder Chromosomenpaare, die sowohl das männliche als auch das weibliche Erbgut tragen.

Auf jedem der beiden Partner des einzelnen Chromosomenpaares liegen, jeweils am selben Ort, die beiden „allelen Gene". Das sind verschiedene Formen des gleichen Gens, die aber zur Ausprägung unterschiedlicher Merkmale führen können.

Es verschmelzen immer diejenigen Chromosomen, die die Gene für dieselben Merkmale tragen. Wenn die allelen Gene identisch sind, z. B. beide dieselbe Fellfarbe kodieren, werden sie reinerbig oder homozygot genannt.

In dem Fall, wo ein Gen z. B. für schwarz/weiß und das andere für rot/weiß „zuständig" ist, bezeichnet man das Paar als mischerbig oder heterozygot.

Von diesen beiden allelen Genen erscheint nur eins im äußeren Erscheinungsbild, dem sogenannten Phänotyp. Dieses Gen bezeichnet man dann als „dominantes" Gen. Das überdeckte, das „rezessive" Gen kommt nur dann im Phänotyp zum Ausdruck, wenn es homozygot vorliegt, d. h., wenn sich zwei rezessive Gene für dasselbe Merkmal auf dem Chromosomenpaar befinden.

Die Gesamtheit der Gene des Hundes, Genotyp oder Genom genannt, enthält immer dominante und rezessive Gene. Der Genotyp eines Hundes kann deshalb nur durch genaues Studium seiner Abstammung und seiner eventuellen Nachkommenschaft grob bestimmt werden.

Ein dominantes Gen überdeckt ein rezessives Gen für dasselbe Merkmal: Ein Hund, der das dominante Gen für schwarz/weiße Fellfarbe und das rezessive Gen für rot/weiße Fellfarbe trägt, erscheint im Phänotyp schwarz/weiß. Manche Eigenschaften werden durch einzelne

Genpaare bestimmt (einfacher dominant-rezessiver Erbgang), andere durch eine ganze Reihe von Genpaaren (Polygenie).

Ein Beispiel für einen dominant-rezessiven Erbgang ist die Fellänge: Obwohl die meisten Border Collies langhaarig sind, wird dieses Merkmal rezessiv vererbt!

Deshalb gilt:

Um langhaarigen Nachwuchs zu erhalten, müssen beide Eltern langhaarig sein, also homozygot das rezessive Merkmal „langes Haar" tragen.

Der Nachwuchs von zwei kurzhaarigen Hunden, die das rezessive Merkmal „langes Haar" tragen, wird in etwa 25 % der Fälle langhaarig sein.

Ein kurzhaariger Hund, der kein rezessives Gen für Langhaarigkeit trägt, wird mit einem langhaarigen Hund nur kurzhaarige Welpen bekommen, die aber alle das rezessive Gen für Langhaarigkeit tragen.

Der Nachwuchs eines kurzhaarigen Hundes, der Langhaarigkeit trägt, mit einem langhaarigen Hund ist in 50 % der Fälle langhaarig.

Die verschiedenen Kombinationsmöglichkeiten der bekannten Gene bei einer geplanten Verpaarung kann man sich in den folgenden Kreuzungstabellen (siehe Abbildung) verdeutlichen.

Dabei bezeichnet man die dominanten Merkmale mit großen Buchstaben (z. B. „K" für Kurzhaarigkeit) und die rezessiven Merkmale mit kleinen Buchstaben („l" für Langhaarigkeit). Der langhaarige Hund wäre also „ll", der kurzhaarige homozygote „KK" und der heterozygot kurzhaarige Hund „Kl".

	l	l
l	ll	ll
l	ll	ll

Zwei langhaarige Hunde werden verpaart: Der gesamte Nachwuchs ist reinerbig langhaarig

	K	l
l	Kl	ll
l	Kl	ll

Ein mischerbiger kurzhaariger gepaart mit einem langhaarigen Hund: 50 % des Nachwuchses sind heterozygot kurzhaarig, 50 % sind langhaarig

	K	K
l	Kl	Kl
l	Kl	Kl

Ein homozygot kurzhaariger Hund wird mit einem langhaarigen Hund verpaart: 100 % des Nachwuchses sind kurzhaarig

Weitaus komplizierter als der einfache dominant-rezessive Erbgang ist die polygenetische Vererbung. Hier sind mehrere Gene für das Auftreten eines Merkmals verantwortlich. Das so vererbte Merkmal kann gar nicht oder sehr stark auftreten, aber auch in etlichen Abstufungen dazwischen.

Eine Schwierigkeit bei der Hundezucht ist das häufige Auftreten dieser Polygenie.

Zusätzlich können bei der sogenannten „unvollständigen Dominanz" auch dominante Merkmale in unterschiedlichen Abstufungen auftreten.

Bei der „multiplen Allelie" gibt es mehr als zwei allele Gene, die einen bestimmten Genort besetzen können. Diese Gene werden nach ihrer „Dominanz" geordnet, d. h. nach ihrer Fähigkeit, andere Allele der Reihe zu überdecken oder zu verbergen. Auch hier ist eine unvollständige Überdeckung der Allele möglich, was zur teilweisen Ausprägung von mehreren Merkmalen im Phänotyp des Hundes führen kann.

Trotzdem sind viele wichtige Gene des Hundes mittlerweile bekannt, ebenso viele der entsprechenden Genorte. So ist es jetzt einem versierten Hundezüchter möglich, z. B. die möglichen auftretenden Fellfarben und -längen mit Hilfe einiger einfacher Tabellen vorauszusagen.

Die Fellfarbenvererbung beim Border Collie

Zahlreiche Gene in unterschiedlichen Kombinationen bestimmen die Fellfarbe eines Hundes. Bekannt sind bisher etwa ein Dutzend unterschiedliche Stellen (Genorte) auf den Chromosomen des Hundes, die von Genen besetzt werden, die die Fellfarbe bestimmen.*

Die Fellfarbe „schwarz". Die schwarzweiße Fellfärbung wird beim Border Collie dominant vererbt. Der Ursprung dieser Färbung ist vermutlich bei den 55 v. Chr. nach Großbritannien eingeführten römischen Hütehunden zu finden.

* Detailliertere Informationen über die Fellfarbenvererbung am Beispiel Collie: Dr. Sharon Lynn Vanderlip, Hundezucht, Biotechnical Veterinary Consultants, 1985, Vertrieb: J. Wollenhaupt, Köln.

Merkmal	Dominant	Rezessiv	Anmerkungen
Hütetrieb			
	Starkes „Auge“	Kein „Auge“	Polygenetischer Erbgang, es treten verschiedene Grade auf. Je mehr homozygote, rezessive Genpaare vorhanden sind, desto schwacher ist das „Auge“.
	Angeborener Trieb zum Zusammentreiben	Kein Trieb	Polygenetischer Erbgang, s. o.
	Ängstlichkeit	Gutes Temperament	Polygenetischer Erbgang. Wird außerdem stark von der Umgebung beeinflußt.
Farbe und Farbverteilung			
	schwarz-weiß	rot-weiß	Merle als „Verwaschung“ der Gene. Braune Abzeichen werden von einem zusätzlichen Gen bestimmt.
	Einfarbig	Weiße Abzeichen	
	„Motteled“	nicht „Motteled“	
	Schwarzes Nasenpigment	Braunes Nasenpigment	Rosa Flecken auf der Nase sind bei sehr hellen Hunden häufig zu finden.
	Dunkelbraune Augen	Helle Augen	Bernsteinfarbene Augen sind mit roter Fellfarbe gekoppelt, blaue Augen werden rezessiv und polygenetisch vererbt und sind an den Merle-Faktor gekoppelt.
Fell			
	Kurzhaarig	Langhaarig	
	Welliges Fell	Glattes Fell	
	Rauhe, harte Fellstruktur	Weiche, seidige Fellstruktur	
Augen			
	Runde Augen	Mandelförmige Augen	
	Große Augen	Kleine Augen	
Ohren			
	Hängeohren	Stehohren	Polygenetischer Erbgang, s. o.
	Große Ohren	Kleine Ohren	
Körpergröße			
	Groß	Klein	Der polygenetische Erbgang bewirkt eine große Abstufung in der Körpergröße. Wird außerdem von der Umwelt beeinflußt.
Rute			
	Tief angesetzt	Hoch angesetzt	
Kopf			
	Breiter Schädel	Enger Schädel	
	Kurzer, kräftiger Fang	Langer, schmaler Fang	
Beine			
	Korrekte Beinstellung	Kuhhessige oder sonstige Fehlstellung	Polygenetischer Erbgang. Viele Knochen und Muskeln sind beteiligt.

Die Farbe „rot". Die rotweiße, mahagoniähnliche Fellfärbung beim Border Collie ist gegenüber der schwarzweißen Farbe rezessiv.

Die meisten heutigen rotweißen Hunde gehen vermutlich über International Supreme Champion 1965 Wiston Cap und 1934, 1936, 1937 Roy auf Adam Telfers rotweiße Hündin Wylie zurück.

Die Farbe „blond". Die blonde oder sable Färbung beim Border Collie wird rezessiv vererbt. Es können erhebliche Abweichungen in der Farbstärke auftreten (von weißblond bis fuchsfarben), nie jedoch, wie oft fälschlich angenommen wird, eine rot-weiße Färbung. Für die blonde und die rote Färbung sind verschiedene Gene verantwortlich. Es handelt sich hierbei um zwei verschiedene mögliche Fellfärbungen beim Border Collie.

Die Farbe „blau". Auch diese Färbung ist höchstwahrscheinlich auf den Einfluß der frühen römischen Hütehunde zurückzuführen. In den bekannten auf Old Hemp zurückgehenden Linien finden sich keine blauen Border Collies. Trotzdem tauchen in den frühen (um 1900) ISDS-Zuchtbüchern mehr registrierte blaue als rote Border Collies auf. Diese stammen offensichtlich aus verschiedenen Linien nicht registrierter Border Collies.

Auch Blau wird rezessiv vererbt. Da aber viele verschiedene Schattierungen der blauen Farbe auftreten, liegt der Verdacht nahe, daß es sich hier um unvollständige Dominanz handelt und dunkles Blau tatsächlich eine Mischung aus Schwarz und Blau ist. Auch scheint das schönste Blau immer bei der Verpaarung von schwarzweißen Elterntieren, die aus einer blauen Linie stammen, aufzutreten.

Der dreifarbige Border Collie. Der dreifarbige Border Collie ist ein schwarzweißer Hund, bei dem ein Gen für die Ausprägung sogenannter „Tan-Punkte" vorhanden und merkmalsbestimmend ist. Die Größe dieser Punkte sowie deren Farbintensität hängt von einer relativ großen Anzahl unterschiedlicher, sich aber eventuell teilweise überlappender Allele ab.

Der „Merle-Faktor" beim Border Collie. Der Merle-Faktor ist ein dominantes Gen, das Muster oder Flecken aus dunklem Pigment gegen das gewöhnliche Grundpigment erzeugt. Das dazugehörige rezessive Allel erzeugt, wenn es homozygot vorliegt, eine einheitliche Pigmentierung des Fells.

Beim Border Collie gibt es die Farben „blue-merle" und „red-merle". Blue-merle Border Collies sind schwarzgefleckt auf blaugrauem Hintergrund, Red-merle Border Collies haben dunkelmahagonifarbene Flecken in verschiedenen Farbstärken auf einem hellroten Hintergrund.

Ch. Beagold Red Baron ist einer der wenigen deutschen Border Collies mit rotweißer Fellfärbung

Das Merle-Gen wurde und wird immer noch für das Auftreten zahlreicher genetischer Defekte verantwortlich gemacht. Untersuchungen haben jedoch schon vor längerer Zeit bewiesen, daß weiße Tiere, die blind und/oder taub sind, nur beim homozygoten Auftreten des Merle-Gens geboren werden können. Um dies zu erreichen, müßten zwei Merle-Tiere miteinander verpaart werden. Eine derartige Verbindung ist jedoch in Deutschland nicht erlaubt.

Angewandte Genetik

Wer einmal verstanden hat, wie sich Gene auf das Erscheinungsbild des Hundes auswirken und wie sie sich vererben, sollte dieses Wissen bei der Zucht einsetzen, um wünschenswerte Merkmale zu verstärken und unerwünschte zu eliminieren.

Zu bedenken ist, daß auch ein hochdotierter Champion nur eine Hälfte seiner hochdotierten Merkmale in den geplanten Nachwuchs einbringt und daß besonders darauf geachtet werden sollte, daß sich die zukünftigen Elterntiere in Typ, Gesundheit, Temperament und Charakter ergänzen.

Folgende verschiedene Zuchtmethoden werden angewandt:

Linienzucht. Das ist das Verpaaren von Enkelsohn mit Großmutter, Großvater mit Enkeltochter, Neffe mit Tante, Nichte mit Onkel und Cousin mit Cousine, also von zwei verwandten Hunden aus bestimmten Linien, die gemeinsame Vorfahren haben. Hierbei werden die Merkmale dieser Vorfahren verstärkt. Es ist also wichtig, daß man deren Temperament und Typ wirklich erhalten möchte. Auch versteckte Fehler kommen bei dieser Zuchtart zum Vorschein, ein zusätzlicher Grund, nur durch und durch gesunde Linien zu wählen.

Lando vom Weideland – acht Monate alter dreifarbiger (tricolor) Rüde

Inzucht. Das ist die Verpaarung von Mutter und Sohn oder Schwester mit Bruder. Hierbei werden sowohl die erwünschten guten Eigenschaften, aber auch die eventuell verdeckten unerwünschten Eigenschaften der Elterntiere verstärkt.

Inzucht verändert außerdem oft die Größe der Hunde, die Fruchtbarkeit und erhöht die Anzahl der Fehlgeburten und mißgebildeter Welpen. Konsequenterweise sollte deshalb auf Inzucht verzichtet werden.

Vor einer dennoch geplanten Inzucht muß in jedem Fall die Erlaubnis des Clubs für Britische Hütehunde eingeholt werden.

Auskreuzung. Das ist die Verpaarung von zwei Hunden, die in den ersten fünf oder sechs Generationen keine gemeinsamen Vorfahren haben.

Die meisten Züchter scheinen dieses Verfahren zu bevorzugen, obwohl die Resultate in den Würfen dann sehr dem Zufall überlassen sind.

Diejenigen Züchter, die sowohl den Typ, das Temperament als auch den Charakter des ihrer Meinung nach einzig wahren Border Collies etablieren möchten, arbeiten viel vorsichtiger. Sie verbringen viel Zeit damit, ihr Wissen über die Rasse zu vergrößern, bevor sie ihre Zuchthunde auswählen, und planen jede Verpaarung sorgfältig, um irgendwann den Grundstein für ihre eigene Linie von Border Collies zu legen.

Erbkrankheiten

Leider ist auch der Border Collie nicht frei von Erbkrankheiten. Einige Untersuchungen gehören deshalb zum Pflichtprogramm vor einem Einsatz in der Zucht. Als genetische Defekte gelten unter anderem:
Hüftgelenkdysplasie (HD): Eine Deformierung der Hüftgelenke. Der Kopf des Oberschenkelknochens hat hierbei in der Hüftgelenkpfanne nicht genügend Halt. Die Krankheit äußert sich in zunehmender Lahmheit, schwankendem Gang bis hin zu Lähmung in den Hinterbeinen. HD wird rezessiv und polygenetisch vererbt.
Progressive Retinal Atrophy (PRA): Die Netzhaut (Retina), der Teil des Auges, der das Bild von außen empfängt und an den Sehnerv weiterleitet, verödet. Dieser Schwund ist nicht aufzuhalten und endet mit der vollständigen Erblindung des Hundes.

Ein Befall mit PRA wird meist im Alter von zwei bis drei Jahren beim Hund festgestellt. Die Vererbung von PRA ist noch weitgehend unerforscht. Angenommen wird, daß dieses Gen dominant ist, aber nur unter bestimmten Umständen zur Ausprägung kommt.
Collie Eye Anomaly (CEA): Diese Krankheit beinhaltet unter anderem außergewöhnliche Verdrehungen der Netzhautgefäße und teilweise oder vollständige Netzhautablösung. Zu ihren Anzeichen gehören Blutflecken im Auge und Sehstörungen, die von leichter bis zu völliger Blindheit variieren können. CEA wird rezessiv und möglicherweise polygenetisch (durch eine ganze Gruppe von Genen) vererbt. CEA kann schon bei sehr jungen Welpen festgestellt werden. Die Symptome verschlimmern sich mit dem Alter nicht.
Taubheit: Tritt vor allem bei Merle-Merle-Kreuzungen auf (in Deutschland nicht erlaubt). Kommt auch bei überwiegend weißen Border Collies vor und scheint mit dem Weißfaktor gekoppelt zu sein. Wird zusätzlich wohl auch rezessiv und geschlechtschromosomal gekoppelt vererbt.
Epilepsie: Eine chronische Erkrankung des Gehirns, die durch wiederholte Anfälle äußert, wobei der Hund niederstürzt und krampfartig zuckt. Kann vererbt werden oder durch eine Hirnhautentzündung oder einen Tumor ausgelöst werden.
Hasenscharte: Zwischen den beiden Hälften der Oberlippe besteht ein mehr oder weniger breiter Spalt. Geht meist mit dem „Wolfsrachen“, dem gespaltenen Gaumen einher. Welpen mit diesen Behinderungen sind unfähig zu saugen und müssen getötet werden.

Züchten – ja oder nein?

Wer eine gesunde und gut aussehende Border-Collie-Hündin besitzt, wird vielleicht früher oder später überlegen, einmal selber „einen Wurf zu machen“.

Dazu folgende Anmerkungen: *Das Züchten einer Hunderasse hat mit dem bloßem Erzeugen junger Hunde nichts zu tun.*

Ein seriöser Züchter ist, wer sich ernsthaft mit der Rasse auseinandersetzt und diese dabei gezielt immer mehr dem Rassestandard anzupassen sucht. Hierbei hat die körperliche wie geistige Gesundheit der Hunde oberste Priorität. Eine artgerechte Haltung der Zuchthunde und liebevolle und fachgerechte Aufzucht der Welpen in einer geeigneten Umgebung verstehen sich dabei von selbst.

Zu einer ernsthaften Hundezucht gehört auch eine sorgfältige Auswahl der Zuchttiere und eine ernsthafte Wurfplanung, die natürlich gute Grundkenntnisse der Genetik z. B. des Gangwerks, der Knochen- und Haarstruktur, der Fellfarben etc. voraussetzen.

Rast vor der Hütte

Speziell beim Border Collie kommen aber noch andere Verantwortungen hinzu. Diese Hunderasse ist eine extreme Arbeitshunderasse, d. h. jeder, der einen Welpen erwerben will, muß geeignete Aktivitäten mit seinem Hund planen. Speziell bei Verpaarungen, wo beide oder ein Elterntier sehr hütetriebstark sind, kann diese geplante Aktivität nur das Hüten sein, da erfahrungsgemäß diese Tiere mit keiner „Ersatzsportart" zufrieden sind. Mit Hüten ist hier auch nicht das gelegentliche Treiben einiger Schafe gemeint, sondern die tägliche Arbeit an den Tieren. Da dies erfahrungsgemäß nur bei einem geringen Prozentsatz der Fall ist, sind die meisten dieser Hunde dann zur Unzufriedenheit und Rastlosigkeit verdammt.

Aus diesem Grund „sammeln" viele seriöse Züchter zuerst wirklich geeignete Welpeninteressenten, und machen erst dann eine Verpaarung, wenn sie genügend geeignete Abnehmer gefunden haben – auch, wenn dies unter Umständen ein Jahr und länger dauern kann.

Daß mit einer solchen verantwortungsvoll und gut geführten Hundezucht außerdem kein Geld zu verdienen ist, hat sogar schon das Finanzamt erkannt.

Diese Art von Hundezucht, und keine andere sollte es geben, kann also nur als zeitintensives Hobby betrieben werden.

Das Aufziehen von Welpen ist dann einerseits ein großartiges Erlebnis. Andererseits aber ist es eine ermüdende und aufwendige Arbeit, für die viel Zeit und Enthusiasmus nötig sind:

Die Welpen müssen mehrfach nach Plan geimpft und entwurmt werden.

Das Zufüttern muß fachgerecht erfolgen, da sonst Magen-Darm-Probleme auftreten, woran ein Welpe verenden kann.

Die Welpen müssen gut auf ihre Umwelt und auf Menschen geprägt werden.

Interessierten zukünftigen Welpenkäufern muß dann ausführlich und kompetent Rede und Antwort gestanden werden.

Auch wenn die Welpen aus dem Haus sind, endet die Verantwortung nicht. Für Probleme mit den selbstgezüchteten Hunden muß es immer ein offenes Ohr geben.

Der Anfang

Die Zuchtbücher für Border Collies im VDH führt der „Club für Britische Hütehunde" (CfBrH).

Wenn eine Zucht angestrebt wird, sollte diese mit der Beantragung der Mitgliedschaft in diesem Rassehundezuchtverein beginnen. Dieser Antrag wird in der monatlich erscheinenden Zeitschrift des VDH „Unser Rassehund" veröffentlicht, und nach einer vierwöchigen Einspruchsfrist erfolgt im „Rassehund“ die offizielle Begrüßung des neuen Mitgliedes durch den Club.

Die Mitgliedschaft im CfBrH ist unter anderem auch eine freiwillige Verpflichtung zur Einhaltung der vom Verein aufgestellten Zucht- und Körbestimmungen.

Diese beinhalten sowohl formale Dinge, wie Zwingerschutz und Zwingername, als auch praktische, wie die für Zuchthunde vorgeschriebene HD-Untersuchung, das Vorstellen der Hunde auf Ausstellungen zur Zuchtzulassung (Körung) und die Abnahme des Zwingers bzw. des Wurfes durch einen Zuchtwart.

Die geeigneten Zuchttiere

Beim endgültigen Entschluß zur Zucht ist oft schon eine Border-Collie-Hündin oder ein Rüde im Haus.

Das Hauptproblem der meisten neubeginnenden Züchter scheint die gerechte Beurteilung des Zuchtpotentials der eigenen Hunde zu sein. Dabei hilft der sogenannte „Rassestandard“ (siehe das entsprechende Kapitel in diesem Buch).

Der im Standard beschriebene Hund ist eine Idealvorstellung, und das Ziel aller Züchter ist es, mit Hilfe ihres Zuchtprogramms einen Hund zu erhalten, der dem Standard möglichst nahekommt. Ein „perfekter Hund“ allerdings ist bis jetzt wohl noch nicht geboren worden. Jeder Hund hat „Fehler“, schwerwiegende oder verzeihliche.

Jeder ist natürlich von der Vollkommenheit seines Hundes überzeugt, aber wenn dieser beispielsweise 57 cm hoch ist und dazu noch sehr wenig Substanz (d. h. Körpermasse) besitzt, trägt er damit schon zwei sichtbare Fehler (als Fehler gilt eine mehr oder weniger starke Abweichung vom Rassestandard), die er mit einer hohen Wahrscheinlichkeit an seine Nachkommen weitergibt.

Auch mit aggressiven oder sehr ängstlichen Hunden sollte nicht gezüchtet werden. Dies ist ebenfalls als klare Vorgabe im Standard zu finden.

Generell gilt, daß ein Zuchthund aus einer langlebigen, gesunden Linie kommen und ein sehr guter oder gar vorzüglicher Vertreter der Rasse mit allen typischen Eigenschaften sein sollte.

Ebenso muß er frei von Erbkrankheiten und Wesensmängeln (übermäßige Ängstlichkeit ebenso wie Aggressivität) sein.

Die Wahl der Zuchthündin

Die ideale erwachsene Zuchthündin sollte einen kräftigen, aber trotzdem femininen Körperbau haben und dem Rassestandard möglichst gut entsprechen. Sie muß auch bestimmte „Muttereigenschaften“ mitbringen. So sollte sie z. B. mindestens acht, besser noch zehn Zitzen besitzen.

Sehr wichtig ist auch eine gute Sozialverträglichkeit der Hündin. Wünschenswert ist beispielsweise, daß sie, auch wenn sie Welpen führt, fremde Besucher stets freundlich begrüßt. Ist das nicht der Fall, muß die Hündin für die Dauer der Besuche von den Welpen getrennt werden. Dies gilt zwar vielerorts als normales Verhalten, ist aber jedesmal mit Aufregung verbunden, die sich auch auf die Welpen überträgt.

Einen guten Hund schon als Welpen zu erkennen, ist eine Kunst, die erst mit jahrelanger Erfahrung und Praxis erworben wird.

Die Elterntiere können, etwa auf einer Ausstellung, „in natura" begutachtet werden, ebenso wie vielleicht auch die Nachzucht, die einer oder beide schon gebracht haben. Wichtig ist hierbei die permanent überdurchschnittliche Güte dieser Nachzucht, denn gute Linien zeigen sich nicht nur mit einem „zufälligen" vorzüglichen Hund im Wurf.

Nur so ist die Sicherheit gegeben, daß der ausgewählte Welpe wirklich alle wichtigen Voraussetzungen zu einem Zuchthund in seiner Erbmasse mitbringt. Ob die hohen Erwartungen auch wirklich erfüllt werden, zeigt sich allerdings erst nach dem ersten Wurf mit einem geeigneten Partner.

Der Standard erlaubt eine Vielzahl von Ohrenformen, unter anderem auch das „Stehohr"

Der Zuchtrüde

Die Auswahl eines Zuchtrüden folgt den gleichen Regeln wie die Auswahl der Hündin. Da aber ein Deckrüde im Gegensatz zu einer Hündin im Jahr unter Umständen 40 bis 50 Welpen zeugt, sollten bei einem Rüden mit geplantem Deckeinsatz noch weniger Abstriche an der Qualität gemacht werden. Oberstes Kriterium ist immer ein einwandfreies Wesen, weder nervös noch aggressiv, sondern aufgeweckt, freundlich und intelligent. Der Körperbau des Rüden sollte maskulin und robust und vor allem ohne Fehler sein.

Der Zuchtrüde muß außerdem zwei normal entwickelte Hoden besitzen. Hodenhochstand gilt als ein zuchtausschließender Fehler.

Vor dem ersten Deckeinsatz sollte vom Tierarzt ein Fertilitätstest gemacht werden, um Unfruchtbarkeit des Rüden auszuschließen. Auch eine regelmäßige mikrobiologische Untersuchung (Pilze, Hefepilze und Bakterien) ist bei einem häufiger aktiven Rüden ratsam.

Vor dem Deckakt

Bevor ein Hund, Rüde oder Hündin, überhaupt zur Zucht genutzt werden darf, sind noch eine Reihe von Bedingungen zu erfüllen. Im Alter von einem Jahr kann der Hund auf die erbliche Hüftgelenkdysplasie (HD) untersucht werden.

Bei einem relativ unfertigen Hund empfiehlt es sich zu warten, bis sich die Bänder und Gelenke noch weiter gefestigt haben, um nicht in unnötiger Eile ein schlechteres HD-Ergebnis zu erzielen.

Das zum HD-Röntgen benötigte Formblatt ist unter Einsenden der Original-Ahnentafel und einem Scheck mit dem aktuellen Betrag bei der Zuchtbuchstelle zu beziehen. Danach kann der Tierarzt das HD-Röntgen durchführen. Zu diesem Zweck ist eine Vollnarkose des Hundes nötig. Der Tierarzt schickt die Aufnahme und den Auswertungsbogen an den Gutachter des CfBrH, zur Zeit Dr. Herbert Koch, Oerzen. Dieser übermittelt den HD-Grad der Zuchtbuchstelle, wo das Ergebnis auf der Ahnentafel des Hundes vermerkt wird. Erst danach werden die Unterlagen wieder dem Hundebesitzer zugestellt.

Zur Zucht zugelassen werden nur Hunde mit den HD-Geraden A, B und C (A: HD-frei, B: Übergangsform, C: leichte HD).

Zum 1. Juli 1994 trat eine neue Zucht- und Körordnung im CfBrH in Kraft. Danach wird jetzt in bloße „Zuchtzulassung“ und in „Körzucht“ unterteilt. Grundsätzlich erfolgt damit die Zuchtzulassung der Hunde durch die Ausstellungsqualifikation. Der Hund muß auf mindestens zwei Ausstellungen unter zwei verschiedenen Richtern (davon ein deutscher Spezialzuchtrichter) mit der Wertnote „vorzüglich“ bewertet worden sein.

Für den Antrag auf Körzucht müssen die Originalahnentafel, zwei Ausstellungsbewertungen mit Wertnote „vorzüglich“, die HD-Auswertung (A bei Rüden, A oder B bei Hündinnen) zur Zuchtbuchstelle geschickt werden. Dort erhält die Ahnentafel das Prädikat „Körzucht“, und die Körbescheinigung wird dem Hundebesitzer mit den Unterlagen zugestellt. Zusätzlich muß der Hund auch weiterhin einem Körmeister des Clubs vorgestellt werden.

Der Border Collie muß, um sich für die Körzucht zu qualifizieren, einen Nachweis seiner Hütefähigkeit erbringen. Laut Präambel der Kör- und Zuchtordnung vom 6./7. Februar 1993 wird diese Regelung allerdings bis auf weiteres ausgesetzt.

Wenn der Hund die Körung über die Ausstellungsqualifikation nicht erreicht, kann er trotzdem einem Körmeister des CfBrH vorgestellt werden, der über die Zuchtzulassung befindet. Hunde mit HD-B (Rüden) und C (Hündinnen) werden nicht zur Körzucht verwandt, sie erreichen eine Zuchtzulassung nur über einen Körmeister und sind nur mit HD-A-Partnern zu verpaaren.

Ein Hund darf erst nach abgelegter Körung bzw. Zuchtzulassung in der Zucht eingesetzt werden. Das Mindestalter für Rüden beträgt dabei zwölf Monate, das für Hündinnen fünfzehn Monate.

Die Wahl des geeigneten Zuchtpartners

Es ist keinesfalls erforderlich, nur mit Champions zu züchten, im Gegenteil, die Formel Champion + Champion = Superwelpen geht fast nie auf.

Wichtig ist vor allem, daß mit der Wahl des Zuchtpartners kein sichtbarer Fehler verdoppelt wird. Bei der Verpaarung von zwei hochbeinigen Hunden mit wenig Körpermasse werden beispielsweise kaum kompakte, gut proportionierte Hunde geboren werden.

Bestimmte Merkmale vererben sich dominant (Kurzhaarigkeit), andere, wie z. B. alle von schwarzweiß abweichenden Fellfarben (mit Ausnahme von Merle), werden rezessiv vererbt, das bedeutet, sie treten nur in Erscheinung, wenn beide Zuchtpartner das passende Gen tragen. Daß ein Hund ein bestimmtes Merkmal aufweist, bedeutet aber nur, daß er die entsprechende Erbanlage besitzt. Ob diese dominant oder rezessiv vererbt wird, ist damit noch nicht gesagt.

Die wenigen bekannten dominanten und rezessiven Gene sind in der Tabelle auf Seite 55 aufgelistet. Einfacher wird es, wenn die Nachzucht des in Frage kommenden Zuchtpartners begutachtet werden kann. Auch ein Blick auf die Elterntiere und die Großeltern wirkt manchmal Wunder, denn wenn ein Zuchtrüde auf einige Generationen kräftiger, gut proportionierter Hunde zurückblicken kann, ist zu erwarten, daß er dies auch vererbt.

Trotzdem gibt es keine Zauberformel für passende Hunde und Linien, erstaunlich weit hilft oft allerdings der gesunde Menschenverstand. Auch der Rüdenbesitzer muß dann ehrlich genug sein, eine Hündin abzulehnen, wenn sie überhaupt nicht paßt. Es ist schließlich vor allem der Ruf des Rüden, der unter den Fehlern seiner Kinder leidet.

Die Hündin ist läufig

Mit der ersten Läufigkeit wird die Hündin geschlechtsreif. Bei den meisten Hündinnen tritt diese erste „Hitze“ im Alter von sechs bis 15 Monaten auf. Von da an wird die Hündin üblicherweise ein bis zwei Mal im Jahr läufig.

Das Fortpflanzungssystem der Hündin ähnelt dem des Menschen, arbeitet jedoch anders. Der Zyklus der Hündin besteht aus dem Anöstrus, in dem das Fortpflanzungssystem ruht. Darauf folgt der Pro-Östrus, der etwa neun Tage dauert, wobei aber erhebliche Abweichungen in der Dauer möglich sind. Während dieses Pro-Östrus dehnen sich die die Eizellen enthaltenden Graaf'schen Follikel, die Scheide der Hündin schwillt an und sondert zuerst blutigen, gegen Ende des Pro-Östrus helleren Ausfluß ab.

Der jetzt folgende Östrus dauert etwa eine Woche. In dieser Zeit findet das Abspringen der Eizellen von den Eierstöcken in die Eileiter statt. Der

Kurz vor dem Deckakt. Die Hunde haben gespielt, die Hündin zeigt ihre Paarungsbereitschaft durch das Beiseitenehmen der Rute deutlich an, sie „steht“

Ausfluß aus der Scheide nimmt eine helle Pinkfärbung an. Die Hündin ist jetzt empfängnisbereit und akzeptiert den Rüden. Reife Eizellen werden nach und nach in die Eileiter abgegeben, gegen Ende des Östrus sind die meisten befruchtungsfähigen Eizellen vorhanden.

Es gibt verschiedene Möglichkeiten, den richtigen Deckzeitpunkt zu bestimmen. Die einfachste Methode ist, die Hündin am Rutenansatz zu kraulen. Legt sie daraufhin die Rute zur Seite und drückt den Rücken durch („die Hündin steht“) wird sie mit großer Wahrscheinlichkeit einen Rüden annehmen. Das kann auch bereits am achten oder neunten Tag der Läufigkeit der Fall sein!

Von Beginn der Läufigkeit an sollte die Scheide regelmäßig kontrolliert werden. Zu Anfang ist sie recht fest. Wenn der Eisprung stattgefunden hat, wird sie weich und runzelig. Innerhalb der nächsten zwei Tage kann nun der erste Decksprung erfolgen. Bewährt hat sich auf jeden Fall das Nachdecken am übernächsten Tag, da während dieser Zeit wieder befruchtungsfähige Eizellen in die Eileiter gelangt sein können.

Der Tierarzt kann mit einem Progesteron-Test oder durch mehrere Vaginalabstriche den genauen Deckzeitpunkt ermitteln, was aber recht kostspielig ist.

Der optimale Zeitpunkt für die erstmalige Belegung einer Hündin ist die zweite oder dritte Läufigkeit, also etwa im Alter von zwei bis zweieinhalb Jahren. Auf jeden Fall sollte eine Zuchthündin vor ihrem fünften Lebensjahr das erste Mal belegt werden. Im fortgeschrittenen Alter verfestigt sich die Muskulatur des Geburtsganges, was oft zu Komplikationen bei der Geburt führt. Auch nehmen ältere Hündinnen meist nicht mehr gut auf. Kein Hund entwickelt sich erst im Alter zu einem guten Zuchthund, diese Qualitäten zeigen sich schon viel früher.

Der Deckakt

Vor der geplanten Belegung der Hündin sollte auf jeden Fall ein Scheidenabstrich gemacht werden, um eine Infektion mit Bakterien oder Pilzen in diesem Bereich mit Sicherheit auszuschließen.

Die Hündin wird zum Decken immer zum Rüden gebracht, um möglicher Territorialität und Aggressivität von ihrer Seite vorzubeugen. Für eine unerfahrene Junghündin wählt man möglichst einen erfahrenen Rüden, für den Jungrüden eine erfahrene Hündin. Eine beißende Hündin kann einem Jungrüden das Decken für immer verleiden. Der Rüdenbesitzer sollte sich davon überzeugen, daß die Hündin „steht“, bevor der Rüde dazukommt. Besonders triebstarke Rüden sehen die Hündin, beriechen sie kurz und besteigen sie sofort, andere „flirten“ vorher einige Zeit.

Nach dem Eindringen in die Hündin kommt es zum sogenannten „Hängen“, durch eine Schwellung am Penis des Rüden und Muskelkontraktion am Scheideneingang der Hündin. Wenn die Hunde hängen, wird der Rüde versuchen, von der Hündin zu steigen, um dann Rute an Rute mit der Hündin zu stehen. Dabei sollte ihm geholfen werden, auch muß verhindert werden, daß sich die Hunde gegenseitig hin- und herschieben. Das Hängen kann bis zu einer Stunde dauern. Danach lösen sich die Hunde voneinander. Sie sollten jetzt getrennt an ruhige Orte gebracht werden, um sich gründlich zu säubern und auszuruhen. Die Hündin muß für die Dauer der Läufigkeit noch weiterhin von anderen Rüden ferngehalten werden. Wenn sie jetzt von einem anderen gedeckt würde, könnten durchaus noch zwei oder drei Mischlingswelpen entstehen.

Beim „Kaffeetrinken danach“ kann der Rüdenbesitzer den Deckschein an den Hündinnenbesitzer weitergeben. Darauf sind Ort und Zeit des Decksprungs notiert, ebenso natürlich Name und Abstammung des Rüden und der Hündin.

Diese Deckscheine können über den jeweiligen Landesgruppenvorstand bezogen werden.

Die Decktaxe

Der Besitzer eines bekannten Deckrüden wird darauf achten, den Rüden nur mit sehr guten Hündinnen zu verpaaren. Sehr wahrscheinlich entstehen aus diesen Verbindungen qualitätvolle Welpen, was natürlich auch dem Rüden zugeschrieben wird.

Wenn der Rüde aber mit einer weniger guten Hündin Welpen von geringerer Qualität zeugt, fällt dies mit Sicherheit auch auf ihn zurück, obgleich dieser ja „getan hat, was er konnte“, aber eben die Fehler der Hündin nicht mit seinem Erbgut überdecken konnte. Jeder Deckrüdenbesitzer hat deshalb das Recht, eine Hündin abzulehnen, wenn ihm diese nicht passend erscheint, z. B. wenn sie Fehler aufweist oder krank ist.

Wenn der Rüdenbesitzer einer Belegung zugestimmt hat, wird die Decktaxe festgelegt. Vereinbart wird die Höhe und auch der Zeitpunkt des Bezahlens. Sollte die Hündin beim ersten Anlauf leerbleiben, wird meist ein kostenloses Nachdecken vereinbart.

Die Hündin während der Trächtigkeit

Bei einer trächtigen Hündin muß ganz besonders auf die Kondition des Tieres geachtet werden. Aus diesem Grund muß sie auch weiterhin sehr gut bewegt werden. Vermieden werden müssen extreme Belastungen wie zum Beispiel ein Umzug oder Leistungssport. Sollte die Hündin vor dem Belegen nicht entwurmt worden sein, kann dies in der dritten Woche, aber nur dann, nachgeholt werden.

Ab der sechsten Trächtigkeitswoche sollte die Hündin nicht mehr gebadet werden, vermieden werden müssen nun auch Sprünge und zu häufiges Treppensteigen.

Eine bevorstehende Hundegeburt sollte auch frühzeitig dem zuständigen Tierarzt mitgeteilt werden, so daß dieser sich rechtzeitig auf eventuelle Komplikationen vorbereiten kann.

In den ersten vier Wochen der Trächtigkeit sollte der Hündin ein Futter angeboten werden, das ihrer normalen Aktivität entspricht (etwa 10 % Fett, 20 bis 25 % Proteine). In der fünften und sechsten Woche kann dann ein Futter mit etwas erhöhtem Energiegehalt gegeben werden. Erst in den letzten zwei Wochen erhält die Hündin dann ein hochprozentiges Futter, etwa Welpenfutter oder Futter für Hunde mit sehr hohem Energiebedarf (Leistungsfutter). Auf keinen Fall darf jedoch die angebotene Futtermenge steigen, nur der Energiegehalt, da die heranwachsenden Welpen im Mutterleib besonders in den letzten zwei Wochen der Trächtigkeit immer mehr Platz benötigen. Empfehlenswert ist auch das Reichen von Frischfutter wie etwa Karotten und Obst, Quark, Reis usw.

Eine Hündin vor dem Werfen darf nicht dick sein, eine zu starke Verfettung, besonders der Geburtskanäle, führt sehr häufig zu Schwierigkeiten beim Geburtsvorgang.

Bestimmung des Wurfzeitpunktes

Eine normale Hündin trägt etwa 63 Tage. Zur genauen Bestimmung des Geburtstermins hat sich vor allem die sogenannte „Temperaturmethode“ bewährt. Zur Bestimmung der Normaltemperatur der Hündin sollte etwa vom 58. Trächtigkeitstag an jeden Tag einmal gemessen werden. Die Normaltemperatur liegt üblicherweise zwischen 38,2 und 38,5°C. Sobald die Temperatur deutlich zu sinken beginnt, wird alle zwei Stunden gemessen. Die Temperatur sinkt bis unter 37°C. Wenn die Temperatur der Hündin nach dem Erreichen des Tiefpunktes wieder zu steigen beginnt, werden die Welpen normalerweise innerhalb der nächsten fünf bis zehn Stunden geboren.

Die Wurfkiste

Bewährt haben sich die Maße 110 × 90 × 30 cm. Bei diesen Maßen ist es möglich, die Welpen bis zu einem Alter von drei bis vier Wochen in der Wurfkiste zu halten, und auch die Hündin findet in einer solchen Kiste genügend Platz, um, ausgestreckt auf der Seite liegend, die Welpen zu säugen.

Die Wurfkiste selbst sollte aus lackiertem oder beschichteten Holz bestehen, um ein leichtes Säubern und/oder Desinfizieren zu ermöglichen.

Die vordere Kistenseite muß zu entfernen sein, um den Welpen, wenn sie alt genug sind, die Möglichkeit zu geben, die Wurfkiste selbständig zu verlassen.

Geburtsvorbereitungen und Geburt

Die Wurfkiste sollte mindestens zwei Wochen vor dem Geburtstermin am vorgesehenen Platz stehen, um der Hündin Gelegenheit zu geben, sich mit der Kiste und der Umgebung vertraut zu machen.

Bei der Wahl des Wurfraumes muß vor allem auf viel natürliches Licht geachtet werden. Er muß außerdem gut zu belüften sein, denn Sonnenlicht und Sauerstoff sind für ein gutes Wachstum der Welpen unverzichtbar.

Viele Hündinnen bevorzugen zum Werfen einen Platz inmitten ihrer Familie, etwa im Wohnzimmer, reservierten Hündinnen sollte aber ein ruhiger Raum zugestanden werden, um Aufregung zu vermeiden.

Beim Wiederanstieg der Temperatur und dem unmittelbar bevorstehenden Geburtstermin sollte der Hündin erlaubt werden, sich draußen zu lösen. Dabei gehört die Hündin jedoch an die Leine, bei Dunkelheit muß eine Taschenlampe mitgenommen werden. Schon viele Welpen wurden bei dieser Gelegenheit einfach von der Hündin „verloren“ und verendeten so vom Züchter unbemerkt.

Zu diesem Zeitpunkt muß die Wurfkiste bereits dick mit Zeitungspapier ausgepolstert sein, so kann man nach der Geburt eines jeden Welpen die durchnäßten Lagen entfernen. Nach der Geburt bekommen Welpen und Hündin ein sauberes Laken als Unterlage.

Unmittelbar vor der Geburt beginnt die Hündin damit, die eingelegte Zeitung in der Wurfkiste zu zerfetzen, sie dreht sich unruhig und hechelt stark. So kündigen sich die ersten Wehen an.

Der Border Collie ist ein Hund, der beim Geburtsvorgang selbst sehr wenig Hilfe vom Menschen benötigt. Jeder Welpe kommt in eine feste Haut gehüllt zur Welt. Diese Embryonalhülle wird meist spontan von der Hündin aufgerissen und gefressen. Sollte das nicht der Fall sein, muß hier der Züchter eingreifen, die Haut zerreißen und eben kurz mit der Hand über das Mäulchen und den Oberschädel zur Nase des Welpen streifen, um Wasser und Schleim zu entfernen und so dem neugeborenen Welpen das Atmen zu ermöglichen. Auch die Nabelschnur wird fast immer selbständig von der Hündin zertrennt. Wenn dies nicht geschieht, kann diese leicht vom Züchter zerrissen, nicht zerschnitten werden. Auf diese Art schließen sich die Wundränder fast sofort wieder, so daß es hier zu keiner ernsthaften Blutung kommen kann. Sollte dies doch passieren, muß die Nabelschnur abgebunden werden, da der Welpe sonst in die Gefahr kommt, zu verbluten. Unmittelbar nachdem der Welpe geboren ist, muß er auf Abnormitäten untersucht werden. Sollten Welpen mit einer fünften Zehe am Hinterlauf, der sogenannten After- oder Wolfskralle, geboren werden, kann diese unmittelbar nach der Geburt mit einer desinfizierten Nagelschere entfernt werden. Der neugeborene Welpe wird nun gewogen und das Gewicht zusammen mit eventuellen Kennzeichen des Welpen, etwa durchgehende Halskrause, Hacken schwarz usw., in ein Heft eingetragen. Das Wiegen nach der Geburt und danach in wöchentlichen Abständen gibt noch zusätzlichen Aufschluß über die gleichmäßige Entwicklung der jungen Hunde.

Bei einer langen Geburt muß der Hündin zwischendurch die Möglichkeit gegeben werden, sich draußen zu lösen. Auch hierbei gehört sie an die Leine!

Schon vor der Geburt sollte eine Infrarot-Wärmelampe über der Wurfkiste angebracht werden.

Die ersten Tage der Welpen

In den ersten Tagen nach der Geburt bekommt die Hündin die halbe Menge ihrer üblichen Mahlzeit in mehreren kleinen, vorzugsweise eingeweichten Portionen über den ganzen Tag verteilt. Sie benötigt jetzt ihre ganze Kraft für die Welpen und die Umstellung ihres Hormonhaushaltes, die zusätzliche Verdauung von Futter würde jetzt noch zuviel Energie kosten. Die Hündin schläft nun viel in der Wurfkiste. Die Milch schießt ungefähr am dritten Tag nach der Geburt in das Gesäuge ein, und von diesem Zeitpunkt an sollte der Hündin soviel Futter angeboten werden, wie sie aufnehmen möchte.

In der ersten Woche wird zusätzlich mehrmals am Tag die Temperatur der Hündin gemessen. Eine leicht erhöhte Temperatur von 38,5 bis 39°C in den ersten Tagen ist normal, sollte sie aber auch am vierten Tag noch Fieber haben, muß der Tierarzt wegen Verdacht auf Eklampsie (verursacht durch Kalziummangel nach verbliebener Nachgeburt im Mutterleib) hinzugezogen werden.

Die Welpen selber nehmen in den ersten Tagen nach der Geburt so gut wie gar nicht zu, aber nach dem Einschießen der Milch sollte eine deutliche Zunahme bei allen Welpen zu beobachten sein.

An der Art wie die Welpen sich über das Lager verteilen, ist zu erkennen, welche Temperatur in der Wurfkiste herrschen sollte:

Zu niedrige Temperatur.
Die Welpen versuchen sich gegenseitig zu wärmen.
Kälte verlangsamt die Entwicklung.

Zu hohe Temperatur.
Ohne Kontakt liegen die Welpen weit auseinander.

Ideale Temperatur.
Die Welpen suchen körperlichen Kontakt (sehr wichtig für das Sozialverhalten), liegen aber nicht übereinander.

Die Hündin muß mehrmals am Tag zum Lösen nach draußen gebracht werden, auch wenn sie sich anfangs dagegen sträubt. Täglich muß die Temperatur der Hündin gemessen, das Gesäuge untersucht (es darf sich weder heiß noch hart anfühlen) und auf Nahrungsaufnahme (sie sollte gut und gerne fressen) und Verdauung geachtet werden.

Nach zwei Wochen müssen Welpen und Hündin das erste Mal gemeinsam entwurmt werden, Darmparasiten stören die Entwicklung der jungen Hunde ganz erheblich.

Je nach Wurfgröße beginnt der Züchter zwischen der dritten und vierten Lebenswoche mit dem Zufüttern von Welpen-Aufbaukost. Nach dem Beginn des Zufütterns muß der Welpenraum ständig gereinigt werden, da dies die Hündin nun nicht mehr übernimmt.

Ein „Sommerwurf" darf schon im Alter von vier bis fünf Wochen nach draußen gelassen werden, im Winter sollte auch im Auslauf für die Welpen die Möglichkeit bestehen, eine Wärmelampe aufzusuchen.

Sozialisierung

In der dritten Woche öffnen sich bei den Welpen die Augen und der Gehörgang. Nun beginnt eine der wichtigen Prägephasen für die Welpen. In dieser lernen sie, sich an ihre Rudelmitglieder, dies sind auch die Menschen, anzuschließen.

Diese erste Prägephase ist mit der siebten Lebenswoche für das ganze Leben abgeschlossen. Die achte bis zwölfte Woche ist die Prägephase auf die Umwelt. Nun lernt der Welpe, mit den verschiedensten Umwelteindrücken (Bewegungen, Geräusche usw.) zurechtzukommen.

Wenn der Welpe dann im Alter von neun Wochen in „seine" neue Familie einzieht, sollte er fröhlich, frech und guter Dinge sein.

Zwei Wochen alter Welpe, Augen und Ohren werden sich nun bald öffnen

Die Auswahl des Welpen

Ist nach gründlicher Überlegung die Wahl auf einen Border Collie gefallen, beginnt die Suche nach dem passenden Welpen. Ansprechpartner für Züchteradressen ist zuallererst der Club für Britische Hütehunde. Dieser Rassehundezuchtverein nennt auf Anfrage die Züchteradressen und zu erwartende oder schon gefallene Würfe.

Durch Anrufe bei den Züchtern kann der Interessent sich dann noch einmal generell über die Rasse informieren und auch spezielle Auskünfte über die „Arbeit" der Elterntiere, den Charakter, die Trainierbarkeit und vor allem den Hütetrieb erfragen.

Schon vor dem Welpenkauf wird der seriöse Züchter sich dabei bemühen, umfassende Informationen über die Rasse zu vermitteln, vielleicht sogar von dem Kauf eines Border Collies abraten, wenn die passenden Umstände für diese Rasse aus seiner Sicht einfach nicht gegeben sind.

Ein Border Collie begleitet „seinen" Menschen voraussichtlich über einen Zeitraum von etwa 15 Jahren. Deshalb sollte bei einem Welpenkauf in jedem Fall auch ausreichend Zeit für die Auswahl des Welpen mitgebracht werden, um wirklich den Hund zu finden, der ideal ist. Ein Verlegenheitskauf rächt sich immer, besonders bei einem intelligenten und sensiblen Hund wie dem Border Collie.

Wenn dem zukünftigen Besitzer etwas an der Aufzucht und der Haltung der Welpen oder der züchterischen Umwelt, wie beispielsweise die Haltung der übrigen Zuchttiere, der Charakter und das Verhalten der Elterntiere etc. nicht gefällt, sollte hier auch kein Welpe gekauft werden.

Bei einem Besuch im Hause des Züchters sollte auf vielerlei geachtet werden:

Wie sieht das Umfeld der Welpen aus? Werden sie im Haus aufgezogen (ideal), in einem entsprechend großen Raum in nächster Nähe des Wohnhauses mit viel Kontakt zur Züchterfamilie (ideal); oder werden sie in einem etwas abgelegeneren Zwinger oder Raum mit wenig Kontakt zur Züchterfamilie gehalten (nicht gut)?

Wie sieht der Welpenraum aus? Wird den Hundekindern unterschiedliches, aus Hundesicht interessantes Spielzeug angeboten (hervorragend), damit diese ihren Erfahrungshorizont erweitern können, oder ist der Welpenraum aus Hundesicht relativ „langweilig" (nicht gut)?

Macht der Welpenraum einen sauberen, zugfreien und hellen Eindruck (ideal), oder ist der Raum ungepflegt, recht dunkel, und es „pfeift durch alle Ritzen“ (nicht gut)?

Je nach Alter der Welpen sollte die Hündin bei ihnen sein, oder aber ständigen Zugang zu den Hundekindern haben.

Wird die Hündin aus dem Welpenraum entfernt, sobald die Besucher die Welpen sehen wollen (nicht gut), oder begrüßt die an den Welpen liegende Hündin die Besucher mit freundlichem Wedeln (hervorragend)?

Wie benimmt sich die Hündin außerhalb des Welpenraumes? Ist sie aufgeweckt und fröhlich, ihrem Besitzer gegenüber anhänglich, ohne unterwürfig zu erscheinen (ideal), ist sie bereit, sich auf ein Spiel (auch ohne Stock oder Ball!) mit dem Besuch einzulassen (ideal), oder wirkt die Hündin gedrückt und ängstlich oder nervös und aggressiv (nicht gut), läuft sie sogar vor den Besuchern davon oder versteckt sich unter dem Tisch (nicht gut)?

Wenn auch der Welpenvater im Besitz des Züchters ist, gelten für den Rüden dieselben Kriterien wie für die Hündin.

Wirkt der Rüde ruhig und gelassen, aber dabei anhänglich und freundlich (ideal), oder muß der Rüde im Zwinger verbleiben, weil er sonst „das Grundstück gegen die Fremden verteidigt“ (nicht gut)?

Generell sollten beide Elterntiere aus einer langlebigen, gesunden Linie kommen. Beide Tiere sollten HD-frei sein.

Bei der Auswahl des Welpen können durch bestimmte Verhaltenstests einige Veranlagungen des Hundekindes erprobt werden, je nachdem, welchen Sport der Mensch mit seinem Hund betreiben möchte. Auch für die spätere „Arbeit“ im Rettungsdienst, wofür der Border sich hervor-

Acht Welpen in einem Wurf sind nichts Ungewöhnliches bei Border Collies

ragend eignet, sind solche Tests sehr aufschlußreich.

Der ideale Welpe wird jeden Besucher stürmisch begrüßen. Welpen, die in einer Ecke bleiben und sich schüchtern zeigen oder sich unter der Hand verschreckt ducken, sollten von vornherein von der Auswahl ausgeschlossen werden. Auch der „Chef" im Welpenrudel ist nur in besonderen Fällen zu empfehlen. Dieser Hund wird mit großer Wahrscheinlichkeit versuchen, seinen Trainer und dessen Familie auszutesten und die Führung des „Rudels" zu übernehmen, und gehört deshalb auf jeden Fall in die Hand eines erfahrenen Ausbilders.

Der ideale Welpe ist eines der mittleren Hundekinder, ein Hund, der sich weder schüchtern noch übermäßig dominant zeigt.

Die in Frage kommenden Welpen sollten nun näher begutachtet werden. Zu diesem Zweck werden sie am besten einzeln in einen ihnen bisher fremden Raum oder einen eingezäunten Hof gebracht und dort genau beobachtet.

Beginnt der Welpe, nachdem er alle Besucher begeistert begrüßt hat, die neue Umgebung gründlich zu untersuchen (ideal), oder bleibt er bei den Besuchern sitzen (wenig erwünscht)?

Wie reagiert der Welpe auf ihm unbekannte Geräusche, wie beispielsweise Händeklatschen, das Fallen eines Schlüsselbundes usw.? „Ideal" ist hier, wenn das Hundekind sofort auf das Geräusch reagiert und nach einer Sekunde neugierig näher kommt, um die Geräuschquelle zu untersuchen. „Nicht erwünscht" ist der Welpe, der bei ungewohnten Geräuschen erschrocken rückwärts ausweicht und sich, wenn überhaupt, erst nach langem Locken überreden läßt, näher zu kommen.

Wenn sich das Vertrauen zum Hundeführer gefestigt hat, wird sich ein neugieriger Hund immer an neue Geräuschquellen heranführen lassen und sie akzeptieren. Abzulehnen ist jedoch auf alle Fälle ein extrem geräuschempfindlicher Hund.

Überaus wichtig für die spätere Ausbildung ist die Spielbereitschaft des Welpen. Läuft er begeistert hinter einem geworfenen Ball oder Spielzeug her und bringt den Gegenstand sogar zurück (ideal)? Ein Welpe, der kein Interesse am Spiel hat, sollte nicht gewählt werden.

Nur ein Hund mit ausgeprägtem Spieltrieb wird später in der Ausbildung leicht zu motivieren sein.

Wie verhält sich der Welpe, wenn er auf den Rücken gedreht wird?

Der „ideale" Welpe wird zuerst strampeln und versuchen, sich aus der ungewohnten Lage zu befreien, dann in seine Situation ergeben und sich entspannen. „Nicht erwünscht" ist das Hundekind, das in Panik strampelt und zappelt, sich verkrampft und nur schwer oder überhaupt nicht zu beruhigen ist.

Wie benimmt sich der Junghund, wenn er auf einen Tisch gesetzt wird, wie, wenn er über ungewöhnlichen Untergrund geführt wird? Ideal ist der Welpe, der sich an alle Gegebenheiten rasch und sicher anpaßt.

Wenn mehrere Welpen die verschiedenen Tests „ideal" bestanden haben, wird die endgültige Auswahl natürlich durch die Symphatie zu einem bestimmten Welpen getroffen!

Die Welpen sollten mit Kindern zusammengebracht werden

Der Welpe kommt ins Haus

Einige Dinge im Haus müssen vorbereitet sein, bevor der junge Hund einzieht.

Alle Verletzungsrisiken sollten soweit wie möglich ausgeschaltet werden, d. h. lose Kabel in Welpenreichweite müssen versteckt, scharfe Kanten überdeckt werden. Treppen, die der Welpe am Anfang sowenig wie möglich laufen soll, können mit einem kleinen Tor gesichert werden. Der Zaun des Gartens muß „welpensicher" gemacht, herumliegende Gartengeräte entfernt werden, kurz, alles, was eine mögliche Verletzungsgefahr für den Junghund darstellt, muß gesichert werden.

Auch sollte bereits vor dem Einzug ein Schlafplatz für den Welpen bestimmt werden, wohin dieser sich zurückziehen kann und auch ungestört bleibt. Dieser Schlafplatz sollte sich in einem Raum befinden, der übersichtlich und leicht zu säubern ist. Kabel und andere mögliche Verletzungsrisiken müssen entfernt werden. Der Schlafplatz muß außerdem zugfrei sein. Eventuell muß der Raum anfangs mit Zeitungspapier ausgelegt werden.

Als Welpenplatz ist besonders ein sogenannter „Vari-Kennel" geeignet, eine verschließbare Flugtransportbox, die tagsüber als Ruhe- und nachts, geschlossen, als Schlafplatz dient. Zur Verfügung stehen müssen auch eine Futter- und eine Wasserschüssel, die jederzeit zugänglich sind.

Die Welpen werden vom Züchter in der Regel ab der achten Lebenswoche abgegeben. Sie sind dann mehrmals entwurmt, mit ihrer Zuchtbuchnummer tätowiert und haben eine Grundimpfung erhalten.

Der Welpe sollte möglichst früh am Tage abgeholt werden, um ihm dann die Gelegenheit zu geben, sich im neuen Heim bei Tageslicht gründlich „einzuschnüffeln“. Während der Autofahrt vom Züchter nach Hause muß der Welpe sicher untergebracht werden, optimal ist es jedoch, wenn sich während der Reise eine zweite Person um den Hund kümmern kann. Die meisten jungen Hunde übergeben sich im Auto, deshalb darf bei dieser ersten Autofahrt etwas Zeitungspapier und/oder ein altes Handtuch nicht fehlen.

Im neuen Zuhause muß dem Welpen Gelegenheit gegeben werden, sich die Räume, die er betreten darf, in Ruhe anzusehen. Die Bekanntschaft mit anderen „Rudelmitgliedern“, wie Verwandten, Nachbarn oder eventuell schon vorhandenen Haustieren, sollte dem Temperament des Hundes angepaßt werden. Ein aufgeweckter Welpe wird solche Aufregung leichter verarbeiten als ein eher zurückhaltender Junghund.

Generell gilt jedoch:
- den jungen Hund nicht mit zu vielen Eindrücken überfordern
- wenn einmal nicht genug Zeit für den Welpen ist, sollte dieser lieber vorausschauend an einen Ort gebracht werden, wo er auch unbeaufsichtigt bleiben kann, ohne sich oder andere Dinge in Gefahr zu bringen (ideal ist hier wieder der „Vari-Kennel“).

Die erste Nacht

Der Welpe sollte noch einmal Gelegenheit bekommen, sich zu lösen, bevor er an seinen Schlafplatz gebracht wird.

Border-Collie-Welpen jaulen meist nicht länger als fünf bis zehn Minuten. Wenn sich der junge Hund länger laut bemerkbar macht, kann es daran liegen, daß der Raum für ihn etwas zu kalt ist. Abhilfe schafft hier oft ein rundum geschlossener Pappkarton, den der Welpe mit seiner eigenen Wärmeabstrahlung „heizen“ kann.

Wer sich entschließt, den Welpen in der ersten Nacht „nur für eine Nacht“ in sein Bett zu holen, wird eines Tages Probleme haben, seinen nun erwachsenen Hund an einen anderen Schlafplatz zu gewöhnen.

Stubenreinheit

Der Welpe muß sich zu Beginn bei Aktivität etwa alle zwei Stunden lösen, nachts hält auch ein junger Hund schon sechs bis acht Stunden durch. Der Welpe „muß" auch unmittelbar nach jeder Mahlzeit und sollte deshalb nach dem Fressen immer sofort nach draußen getragen werden. Getragen, weil so unterwegs nichts „passieren" kann. Während des Lösens im Garten wird der Welpe gelobt, es kann an dieser Stelle auch gleich ein Kommando eingeführt werden. Border Collies werden generell ohne Probleme sehr schnell stubenrein.

Leinenführigkeit

Border Collies finden sich sehr schnell in einige Routinen ein, wenn diese konsequent vermittelt werden. In fast allen Fällen reicht es, den Welpen nach einer kurzen Gewöhnungszeit an das ungewohnte Halsband zwei bis drei Minuten am Tag an der Leine zu halten.

Die letzte Wahl wird immer durch die Sympathie getroffen. Lennart vom Weideland, ein Blue-merle-Welpe

Ausstellungen

In den Terminkalendern in der offiziellen Zeitung des VDH (Verband für das Deutsche Hundewesen) mit dem Titel „Unser Rassehund" und im „Club-Report", dem Mitteilungsblatt des Clubs für Britische Hütehunde, wird zwischen verschiedenen Ausstellungsarten unterschieden. Um es für den Einsteiger leichter zu machen, folgt erst einmal eine kurze Erklärung der verwendeten gebräuchlichen Fachausdrücke und Abkürzungen.

Anwartschaft: In den unterschiedlichen Klassen an den Sieger und Zweiten vergebene Optionen auf unterschiedliche Titel in Form einer einfachen Karte.

BOB: Best of Breed, Rassebester, wird am Ende des Richtens unter allen Siegern der Klassen einer Rasse gewählt.

BIS: Best in Show, schönster Hund der Ausstellung. Alle Rassebesten (bei größeren Ausstellungen die Gruppensieger) werden gemeinsam bewertet, der „Schönste" erhält den Titel „Best in Show".

CAC-J: „Certificat d'Aptitude au Championnat"-Jugend. Anwartschaft auf den clubinternen Jugendtitel „Deutscher Jugendchampion".

CAC-VDH: „Certificat d'Aptitude au Championnat"-VDH. Anwartschaft auf den nationalen Schönheits-Titel „Deutscher Champion (VDH)". CAC (CfBrH): „Certificat d'Aptitude au Championnat" (CfBrH), Anwartschaft auf den nationalen Schönheits-Titel „Deutscher Champion (CfBrH)". **CACIB:** „Certificat d'Aptitude au Championnat International de Beauté", Anwartschaft auf das Internationale Schönheits-Championat.

FCI: „Fédération Cynologique International", weltweite Dachorganisation des Hundewesens, gegr. 1911.

FCI-Gruppe: Alle vom VDH anerkannten Hunderassen sind nach ihrem ursprünglichen Verwendungszweck in Gruppen eingeteilt. Der Border Collie befindet sich beispielsweise in der FCI-Gruppe 1, Hüte- und Treibhunde. In welcher Gruppe sich eine Hunderasse befindet, ist allerdings nur auf größeren Ausstellungen von Bedeutung. Oft werden dabei die unterschiedlichen Gruppen an verschiedenen Tagen gerichtet.

Gruppensieger: Alle Rassebesten einer FCI-Gruppe werden noch einmal gemeinsam bewertet. Der Sieger konkurriert dann mit den Siegern der anderen Gruppen um den Titel „Schönster Hund der Ausstellung".

Klasse: Die Hunde werden nach Alter und Geschlecht getrennt in unter-

Präsentation vor dem Richtertisch

schiedlichen Klassen bewertet. Die einzelnen Einteilungen werden im Folgenden genauer erklärt.

Ring: Abgegrenzte Fläche, in der die Hunde dem Zuchtrichter vorgestellt werden.

Titel: z. B. Deutscher Jugendchampion, Deutscher Champion usw., sind nachfolgend noch genauer erklärt.

Die unterschiedlichen Ausstellungsarten

Spezialzuchtschau. Auf dieser Schau werden ausschließlich die vom Club für Britische Hütehunde betreuten Rassen (also Langhaar-, Kurzhaar-, Bearded- und Border Collies sowie Shelties, Bobtails und Welsh-Corgis) gezeigt.

Es werden die Anwartschaften auf das nationale Schönheitschampionat (CAC, Deutscher Champion (CfBrH) und die Anwartschaft auf den Titel des VDH-Siegers (CAC-VDH, Deutscher Champion (VDH) sowie den Jugendchampion (CAC-J) vergeben.

Die Zuchtschauen werden von einzelnen Landesgruppen ausgerichtet und blicken oftmals schon auf eine lange Tradition zurück.

Aus diesem Grunde überraschen sie oft durch ihre hohen Meldezahlen (manchmal über dreihundert Hunde), sind aber trotzdem sehr familiär, denn jeder kennt jeden meist noch aus dem vorigen Jahr.

CACIB- oder Internationale Rassehundezuchtschau. An dieser von den VDH-Landesverbänden oder vom VDH selbst organisierten Zuchtschau nehmen alle Hunderassen teil.

Das Besondere an dieser Ausstellung ist, daß hier, zusätzlich zu den nationalen Anwartschaften, auch die Anwartschaft auf das Internationale Schönheits-Championat, das CACIB, vergeben wird.

Laut der Zuchtschauordnung des VDH muß eine CACIB-Schau in einem überdachten Raum stattfinden, und die ausgestellten Hunde müssen in Boxen untergebracht sein (das Liegen in den Boxen empfinden übrigens meist nur die menschlichen Besucher als „unbequem“ oder „zu eng“, für die Hunde ist es erholsam, aus dem Trubel heraus zu sein). Folglich finden diese Schauen immer in riesengroßen und dementsprechend sehr lauten Hallen statt, die ja Platz für mehrere tausend Hunde bieten sollen. Beim Publikum ist diese Art von Zuchtschau sehr beliebt, da man sich hier gleichzeitig über viele unterschiedliche Hunderassen informieren kann, aber so mancher Aussteller denkt doch wehmütig an die „gemütliche“ Spezialzuchtschau.

Bundes-, Europa- und Weltsiegerausstellungen. Diese Ausstellungen unterscheiden sich von den CACIB-Ausstellungen nur dadurch, daß noch zusätzlich der entsprechende Titel (Bundes-, Europa, Weltsieger) vergeben wird. Bundes- und Europasiegerausstellung werden alljährlich in den Dortmunder Westfalenhallen durchgeführt.

Die Weltausstellung der Rassehunde dagegen findet jedes Jahr in einem anderen Land statt.

Die Klassen

Es wird in verschiedenen Klassen und getrennt (Rüde oder Hündin) gerichtet. Da die Klasseneinteilung für einen Ausstellungsneuling recht umständlich erscheint, hier ein kurzer Überblick:

Jüngstenklasse. Auch Puppy-Klasse genannt. Hier werden Hunde im Alter zwischen 6 und 9 Monaten bewertet. Die hier gezeigten Hunde sind von der Entwicklung her noch unfertig, daher werden keine Formwerte, sondern nur Hinweise, „guter Nachwuchs“, „versprechend“ und „vielversprechend“ vergeben. Der Besitzer bekommt ein Bewertungsblatt mit einer kurzen Beurteilung des Hundes und dem daraus resultierenden Ergebnis. Natürlich gibt es auch keinerlei Anwartschaften auf einen Titel.

Der Richter toleriert hier bis zu einem bestimmten Grad noch ungestümes Verhalten, es ist eine gute Gelegenheit, den „Jüngsten“ an den Trubel einer Ausstellung zu gewöhnen.

Jugendklasse. Sie reicht von 9 bis 18 Monate. Diese Klasse ist die Vorstufe zu den schwierigeren Klassen, der Richter wird dem jungen Hund noch einiges an Übermut nachsehen. In dieser Klasse gibt es bereits sogenannte Formwerte: vorzüglich (v), sehr gut (sg), gut (g) oder genügend (gnd).

Diese Formwerte sagen noch nicht allzuviel aus, aber der Richter wird auch hier ein Bewertungsschreiben aufsetzen, so daß man seine Entscheidung leichter nachvollziehen kann.

Trotzdem seien die Werte kurz erklärt:

Vorzüglich: Der Hund kommt dem Idealstandard der Rasse nahe, er strahlt ein harmonisches, ausgeglichenes Wesen aus und wurde in ausgezeichneter Verfassung vorgeführt. Seine überlegenen Rasseeigenschaften machen kleine Unvollkommenheiten vergessen.

Sehr gut: Der Hund besitzt die typischen Eigenschaften seiner Rasse, hat ausgeglichene Proportionen und ist in guter Verfassung. Man kann ihm einige verzeihliche Fehler nachsehen. Auch dieser Formwert sollte nur einem „Spitzenhund“ verliehen werden.

Gut: Der Hund besitzt die Hauptmerkmale der Rasse, hat aber Fehler.

Genügend: Der Hund entspricht dem Rassetyp genügend, besitzt aber nicht dessen allgemeine Eigenschaften, oder seine körperliche Verfassung läßt zu wünschen übrig.

In der Jugendklasse können außerdem die Anwartschaften auf die Jugend-Titel erworben werden.

Offene Klasse. Diese Klasse beginnt mit 15 Monaten. Hier ist die Konkurrenz in der Regel sowohl qualitäts- als auch zahlenmäßig sehr schwer. Wer sich in dieser Klasse durchsetzen will, muß schon ein besonders schöner Hund sein.

In der offenen Klasse werden alle Anwartschaften auf Siegertitel vergeben.

Siegerklasse. Hier gemeldete Hunde müssen entweder Internationaler Champion sein, ein Nationales Championat besitzen (z. B. Deutscher Champion) oder Träger des VDH-Siegertitels sein. Zur Teilnahme berechtigt sind außerdem Bundes-, Europa- und Weltsieger.

Veteranenklasse. Hier können Hunde in fortgeschrittenem Alter präsentiert werden, ohne mit den jüngeren Artgenossen konkurrieren zu müssen.

Ehrenklasse. Zur Meldung in dieser Klasse berechtigt nur das Tragen des Titels „Internationaler Champion“. Zur Erlangung dieses Titels muß vom Border Collie eine Arbeitsprüfung abgelegt werden, die in Deutschland zur Zeit noch nicht durchgeführt wird. In besonderen Fällen werden jedoch Erfolge bei einem oder mehreren „Hütetrails" als Arbeitsprüfung anerkannt.

Die Titel

Bei einer Bewertung mit „vorzüglich, erster Platz" in einer Klasse erhält der Hund zusammen mit der Urkunde und dem Bewertungsschreiben eine oder mehrere „Anwartschaftskarten". Unter bestimmten Voraussetzungen berechtigen diese Karten den Hund dann zum Tragen der begehrten Titel:
Deutscher Jugendchampion. Diesen Titel erhält ein Hund, wenn er dreimal in der Jugendklasse mit „vorzüglich" bewertet wurde und die Klasse gewonnen hat.
Deutscher Champion (VDH) und Deutscher Champion (CfBrH). Auszug aus den Verleihungsbestimmungen für den Titel „Deutscher Champion (VDH)": Der Titel „Deutscher Champion (VDH)" wird an Rassehunde verliehen, wenn diese für vier Anwartschaften auf den Titel vorgeschlagen wurden und die Vorschläge durch die VDH-Geschäftsstelle bestätigt worden sind.

Der Titel wird verliehen, wenn

- vier bestätigte Anwartschaften nachgewiesen werden, von denen mindestens zwei auf Internationalen oder Allgemeinen Zuchtschauen errungen wurden.
- Zwischen der ersten und der letzten Anwartschaft muß ein zeitlicher Zwischenraum von mindestens 12 Monaten und einem Tag liegen.
- Die Anwartschaften müssen unter mindestens drei verschiedenen Zuchtrichtern erworben sein.

Die Anwartschaften werden in der Offenen-, Champion- und Gebrauchshundklasse gestellt, für Rüden und Hündinnen getrennt.

Sobald die Voraussetzungen erfüllt sind, kann der Eigentümer des Hundes Antrag auf die Verleihung des Titels bei der VDH-Geschäftsstelle stellen. Dazu müssen die vier bestätigten Anwartschaften und eine Kopie der Ahnentafel eingesandt werden.

Der Titel Deutscher Champion (CfBrH) wird ebenfalls bei vier erworbenen Anwartschaften zuerkannt. Zwischen dem Erringen der ersten und letzten Anwartschaft muß ein Zeitraum von einem Jahr und einem Tag liegen. Eine der Anwartschaften muß auf der Bundessiegerzuchtschau oder der jährlichen Hauptzuchtschau des Clubs für Britische Hütehunde erworben worden sein.
Internationaler Schönheits-Champion. Die FCI hat zur Erlangung dieses Championates strenge Bedingungen aufgestellt. Um die Anwartschaft, das CACIB, konkurrieren die V1-Hunde aus der Offenen-, der Gebrauchshund- und der Siegerklasse, getrennt nach Geschlechtern. Der

mit dem CACIB ausgezeichnete Hund erhält eine Anwartschaftskarte, auf der bescheinigt wird, daß der Hund für das CACIB vorgeschlagen wurde. Über die Geschäftsstelle des VDH wird der Vorschlag an die FCI weitergereicht, die den Vorschlag dann bestätigt, was unter Umständen aber bis zu sechs Monaten dauern kann.

Zur Erlangung des Titels „Internationaler Champion" wird vom Border Collie eine Arbeitsprüfung an Schafen verlangt. Diese wird aber zur Zeit in Deutschland noch nicht durchgeführt. In manchen Fällen wird auch der Sieg einiger Hütetrails als Arbeitsprüfung anerkannt.

Außerdem sind für den Titel zwei Anwartschaften (CACIB) erforderlich, die in zwei verschiedenen Ländern unter zwei verschiedenen Richtern im Abstand von mindestens einem Jahr und einem Tag erworben wurden.

Bundes-, Europa-, Weltsieger. Diese Titel werden auf den gleichnamigen Ausstellungen an den jeweiligen Siegerhund verliehen.

Ernährung

Der Hund braucht mehr als Fleisch

Leben ist Bewegung. Leben ist Wachstum. Leben ist Stoffwechsel. Damit Lebensvorgänge ablaufen können, muß sich das Lebewesen ernähren. Der Zweck der Ernährung ist es, dem Körper Nährstoffe zuzuführen. Diese dienen der Bewegung, indem sie Energie liefern, dienen dem Wachstum, indem sie die Baustoffe darstellen, dienen dem Stoffwechsel, indem sie verbrauchte Substanzen ersetzen. Nährstoffe befinden sich in der Nahrung. Tiere sind von organischen Stoffen abhängig. Diese gehen sämtlich auf Stoffwechselprodukte der Pflanzen zurück.

Border Collies springen gern

Der Hund als Nachfahre des Wolfes steht am Ende der Nahrungskette. Er verwertet nicht die Pflanze selbst, sondern pflanzenfressende Tiere. Die wildlebenden Ahnen unseres Hundes verzehrten ihre Beute meist vollständig. Von daher geht der Begriff „Fleischfresser" am Kern vorbei. Denn nicht nur Muskelfleisch, sondern ebenso die Knochen, Sehnen, das Fell und natürlich die Innereien samt dem pflanzlichen Inhalt wurden verschlungen. Treffender ist also die Bezeichnung „Beutetierfresser".

- Der Hund steht am Ende der Nahrungskette.
- Der Hund benötigt neben Fleisch auch Fett, Mineralstoffe, Vitamine und pflanzliche Materialien.
- Der Hund ist ein Beutetierfresser.

Das Verdauungssystem spaltet die Nahrung auf

Dem Wolf wie auch seinem Nachfahren Hund sind eine Reihe spezialisierter Organe eigen, mit denen er seine Nahrung beschaffen, zerkleinern und verwerten kann. Die Zähne dienen dem Ergreifen und Zerteilen der Beute. Mit Hilfe des Speichels gleitfähiger gemacht, gelangt die Nahrung durch die sehr dehnbare Speiseröhre in den Magen. Hier erfolgt eine erste Aufspaltung der einzelnen Bestandteile. Dieser Vorgang wird im Dünndarm fortgesetzt. Unverzichtbare Hilfe leisten dabei Verdauungsenzyme, die in der Bauchspeicheldrüse gebildet werden. Ihre Aufgabe ist die biochemische Zerkleinerung der Nährstoffe bis auf die Grundbausteine. Nur so zerlegt ist die Nahrung letztendlich verwertbar. Die Nährstoffe werden dann von der Darmschleimhaut aufgenommen und mit Hilfe des Blutkreislaufs in jede noch so entlegene Zelle des Körpers transportiert. Dort erst erfüllen sie ihre eigentliche Funktion. Im Muskel beispielsweise wird die biochemische Energie bestimmter Nährstoffe in Bewegungsenergie umgewandelt, im Knochen dienen andere Nährstoffe als Bausteine den Wachstumsvorgängen. Unverwertbare Bestandteile der Nahrung gelangen in den Dickdarm und werden wieder ausgeschieden.

- Die Nahrung muß aufgespalten werden, um verwertbar zu sein.
- Die Aufspaltung erfolgt hauptsächlich im Darm.
- Die Nährstoffe werden mit dem Blutkreislauf aus dem Darm in alle Körperzellen transportiert.

Hohe Energieausbeute nur bei hochverdaulicher Nahrung

Ob unser Border läuft, springt, mit dem Schwanz wedelt oder vielleicht nur daliegt und Herrchen oder Frauchen beim Lesen zuschaut – jeder dieser Vorgänge braucht Energie, sie ist die treibende Kraft aller Lebensvorgänge. Unser Hund bezieht sie aus seinem Futter. In biochemischer Form gespeichert, gelangt Energie in den Körper und wird dort in die unterschiedlichsten Lebensäußerungen umgewandelt. Bei diesen Umwandlungsprozessen gibt es Verluste. Über Kot und Harn werden Stoffe ausgeschieden, die noch Energie speichern. Auch Wärmeverluste schmälern die Energieausbeute für den Organismus. Dennoch hat das Energieumwandlungssystem „Hund“ einen höheren Wirkungsgrad als jedes vom Menschen ersonnene. Eines liegt jedoch auf der Hand: Je höher die Verdaulichkeit der Nahrung ist, desto geringer sind die Energieverluste für den Hund.

- Ohne Energie gibt es kein Leben.
- Die Energie ist in der Nahrung.
- Je höher die Nahrung verdaulich ist, desto besser wird sie verwertet.

Eiweiße sind Baustoff, Energieträger und Wirkstoff zugleich

Jeder Hund benötigt über fünfzig verschiedene Nährstoffe, und zwar Tag für Tag, ein Leben lang. Man kann diese der besseren Übersichtlichkeit halber in Hauptnährstoffgruppen zusammenfassen. Eine wesentliche dieser Gruppen wird von den Eiweißen oder Proteinen gebildet. Sie stellen wichtige Körperbausteine dar. Nur eine einzige Körpersubstanz überhaupt enthält keine Eiweiße als Baustein, und das ist der Zahnschmelz. Alle anderen Gewebe, ob nun Muskel, Nerven, Haut oder innere Organe, bestehen in irgendeiner Form aus Eiweißen. Sogar der Knochen enthält nicht nur Mineralstoffe, sondern eben auch Gerüstproteine. Darüber hinaus werden wichtige Wirkstoffe wie Enzyme und Hormone durch Eiweiße aufgebaut. Außerdem sind Eiweiße eine Energiequelle für Hunde. Die Energieausbeute beim Abbau der Eiweiße ist jedoch nicht besonders hoch. In dieser Hinsicht ist die Nutzung von Fetten effizienter. Fette sind die für den Hund günstigste Energiequelle. Die Ausbeute bei ihrem biochemischen Abbau ist um etwa ein Drittel höher als bei Eiweißen. Fette sind jedoch nicht nur Energielieferanten. Sie stellen auch wichtige Bausteine für Zellmembranen dar und sind unverzichtbarer Bestandteil von bestimmten Hormonen und Vitaminen. Kohlenhydrate kommen in der Natur in großen Mengen in Pflanzen vor. Das Verdauungssystem des Hundes kann diese nur in erhitzter Form spalten. Dann stellen einige Kohlenhydrate jedoch gute Energielieferanten dar. Weiterhin dienen Kohlenhydrate als Ballaststoffe. In dieser Funktion regen sie die Darmbewegung an und sind so für die Passage der Nahrung durch den Darm unerläßlich. Ebenso wichtige, jedoch grundsätzlich andere Aufgaben erfüllen die Mineralstoffe. Die bekanntesten unter ihnen, Kalzium und Phosphor, bilden die Hauptbestandteile der Knochen. Sie fungieren also als Baustoff. Andere Mineralstoffe werden im Stoffwechsel von Substanzen benötigt, welche Steuer- und Regelungsmechanismen bedienen. So gibt es eine Reihe von Enzymen und Hormonen, die ohne die Anwesenheit bestimmter Mineralstoffe wirkungslos blieben. Weiterhin laufen so wichtige Vorgänge wie Blutgerinnung, Muskelkontraktionen oder die Erregungsleitung in Nerven nur ab, wenn die dazugehörigen Mineralstoffe dem Körper über die Nahrung zugeführt werden. Die Gruppe der Mineralstoffe kann man noch einmal unterteilen in Mengenelemente (von diesen wird ein bedeutendes Quantum täglich benötigt) und Spurenelemente (hiervon reichen oft schon ganz geringe Mengen im Mikrogrammbereich aus). Schließlich müssen noch die Vitamine in der Nahrung sein, von denen es fettlösliche und wasserlösliche gibt. Vitamine haben lebenswichtige Steuerfunktionen, dienen dem Sehvermögen, der Krankheitsabwehr oder dem Energiestoffwechsel.

- Eiweiße sind Baustoff, Energieträger und Wirkstoff zugleich.
- Fette sind die günstigste Energiequelle.
- Mineralstoffe bauen das Skelett auf und steuern lebenswichtige Vorgänge im Stoffwechsel
- Vitamine regeln unverzichtbare Lebensprozesse.

Wachsende Hunde benötigen spezielle Nahrung

Die moderne Tiermedizin hat die Besonderheiten des Hundestoffwechsels genau untersucht. So besteht heute die Möglichkeit, nicht allein den Energiebedarf eines heranwachsenden Hundes genau anzugeben, sondern auch seinen Bedarf an Kohlenhydraten, Eiweißen und Fetten sowie Mineralstoffen und Vitaminen. Dies ist entscheidend, wenn man das Ziel hat, durch eine artgerechte Bilanzierung von Nahrungsbestandteilen eine gesunde Hundeentwicklung zu fördern.

Ein gutes Beispiel dafür ist der Bewegungsapparat. Mit Hilfe von Messungen der Wachstumsgeschwindigkeit der Knochen, Röntgenaufnahmen des Bewegungsapparates, Bestimmungen der Knochendichte, Vergleich von vielen hundert gesund aufgewachsenen Hunden und weiteren Untersuchungsverfahren ist der Bedarf an Kalzium und Phosphor genau festgestellt worden. Aufgrund dieser Zahlen sind wissenschaftlich exakte Empfehlungen für die Versorgung mit diesen Mengenelementen möglich – und zwar jeden Monat im Leben eines wachsenden Hundes.

Wegen des hohen Bedarfs der Welpen an knochenaufbauenden Mineralstoffen liegt der Kalzium- und Phosphorbedarf in den ersten beiden Lebensmonaten rund viermal höher als beim erwachsenen Hund. Mit zunehmender Mineralisierung der Knochen nimmt er im Laufe des Wachstums stetig ab.

Um ein gleichmäßiges Knochenwachstum und eine gesunde Skelettentwicklung zu erreichen, kann die Versorgung mit Kalzium und Phosphor eigentlich nur durch eine ausgewogene, altersangepaßte Vollnahrung problemlos gewährleistet werden.

Eine Selbstherstellung von Hundenahrung ist wegen der möglichen Unter- oder Überversorgung mit lebenswichtigen Nährstoffen insbesondere bei Welpen sehr kritisch. So

Zobel-weißer Welpe mit Maske

ist in „Eigenmischungen" das Kalzium/Phosphor-Verhältnis meist nicht korrekt ausbilanziert.

Die Wachstumsrate junger Hunde und die Unterschiede zwischen einzelnen Hunden werden übrigens nicht allein durch Erbanlagen bestimmt. Auch äußere Faktoren wie Ernährung, Klima oder Krankheiten sind wichtig. Eine optimale Gestaltung der äußeren Einflußfaktoren kann das Wachstum im positiven Sinne beeinflussen – also eine artgerechte, angemessene Ernährung, gute Haltungsbedingungen und eine vernünftige Krankheitsverhütung, zum Beispiel durch Impfungen. Da es bei jedem Hund Unterschiede der äußeren Bedingungen gibt, variiert die Gewichtsentwicklung von Individuum zu Individuum ein wenig. Das bedeutet, daß es immer Abweichungen des altersentsprechenden Körpergewichtes von den wissenschaftlich ermittelten Durchschnittswerten gibt. Diese Unterschiede sind aber nicht nur von wissenschaftlichem Wert. In der Praxis ergeben sich aus den natürlichen Differenzen bei der Wachstumsgeschwindigkeit Unterschiede beim Bedarf der wachsenden Hunde an Energie, Eiweißen und insbesondere auch Mineralstoffen. Dies muß bei der Ernährung von Welpen und Junghunden bedacht und einkalkuliert werden.

Das Verdauungssystem und der Stoffwechsel von Welpen weisen eine Reihe von Besonderheiten auf. Der Magen ist noch relativ klein, so daß nur eine begrenzte Menge Nahrung aufgenommen werden kann. Diese eingeschränkte Speicherfunktion des Magens macht eine häufige Nahrungsaufnahme notwendig.

Einige Körpergewebe beziehungsweise Organsysteme sind während der ersten Lebensmonate ganz besonders auf eine richtig zusammengesetzte Nahrung angewiesen, um sich so entwickeln zu können, wie es die Natur vorgesehen hat. Hierzu gehören Bewegungsapparat, Abwehrsystem, Fortpflanzungssystem, Haut und Fell sowie Lunge und Atemwege. Anders als das Herz-Kreislauf-System des jungen Hundes, das sich schon im Mutterleib fast vollständig entwickelt hat, reift beispielsweise der Bewegungsapparat erst später aus. So sind nach der Geburt zwar sämtliche Knochen beim Welpen angelegt und vorhanden, bestehen aber überwiegend noch aus Knorpel, also einem Gewebetyp, der zwar sehr elastisch ist, jedoch nur eine geringe Festigkeit hat. Dieses bindegewebige Gerüst wandelt der Organismus nach und nach zum tragfähigen Knochen um, indem er Mineralstoffe – vor allem Kalzium und Phosphor – einlagert. So entwickelt der Junghund im Laufe vieler Monate die biologisch notwendige Festigkeit seiner Knochen. Solange bleibt den noch nicht voll mineralisierten Knochen die Möglichkeit, weiterzu wachsen. Erst gegen Ende der Wachstumsperiode des Hundes verschließen sich die Wachstumsfugen der Knochen, die bis dahin ein Längenwachstum ermöglicht haben. Im gesamten Zeitraum der Knochenbildung muß also die Zusammensetzung der Nahrung optimal auf die Bedürfnisse des Knochenwachstums eingestellt sein.

Junge Hunde haben keinen Schutzmechanismus vor überhöhter Kalziumzufuhr mit der Nahrung wie erwachsene Tiere.

Unter dem Einfluß von Hormonen wird ein eventueller Kalziumüberschuß überwiegend in den Knochen eingelagert, was im Endeffekt zu einer gesteigerten und gleichzeitig gestörten Verknöcherung führt. Die daraus resultierenden Skelettdeformierungen und Bewegungseinschränkungen sind im späteren Lebensalter nicht wiedergutzumachen. Die Empfehlung, Junghunden eine Kalziumergänzung – selbst bei Verwendung einer vollständigen und richtig bilanzierten Vollnahrung – zukommen zu lassen, ist wissenschaftlich nicht haltbar. Wegen der möglichen Gefahren ist die Gabe von kalziumreichen Nahrungsadditiven deswegen zu vermeiden.

- Wachsende Hunde haben einen höheren Energiebedarf.

- Das heranwachsende Skelett braucht mehr als doppelt so viele Mineralstoffe.
- Spezielle Welpennahrung deckt alle Bedürfnisse ab.

Fertignahrung ist hochwertig, sicher und bequem

Wie wir gesehen haben, benötigen Hunde sehr viele verschiedene Nährstoffe. Diese müssen nicht nur in der optimalen Menge, sondern auch im richtigen Verhältnis zueinander in der Nahrung sein. Hinzu kommen besondere Lebenssituationen wie Wachstum, Phasen hoher körperlicher Belastung, Trächtigkeit oder Alter. Jede dieser Situationen bringt veränderte Nährstoffansprüche mit sich. Verdaulichkeit und Schmackhaftigkeit des Futters sollen auch gewährleistet sein, damit der Hund den Napf leert. Wollten wir unserem Hund selbst die tägliche Nahrung bereiten, hätten wir das alles zu beachten. Wir müßten den Gehalt der Ausgangsmaterialien an Eiweißen, Fetten, Mineralstoffen und Vitaminen genau kennen. Wer jedoch mißt die Menge essentieller Aminosäuren oder den Vitamingehalt eines Stückes Fleisch? Wieviel Kalzium ist denn nun in der Messerspitze Futterkalk

Firelynx Chimakuan, ein schöner Zuchtrüde

enthalten? Und was ist mit der Zeit, die wir für die tägliche Futterration unseres vierbeinigen Freundes benötigen würden?

Am sichersten ist die Verwendung qualitativ hochwertiger Fertignahrung, wie sie von verantwortungsbewußten, erfolgreichen Züchtern empfohlen wird. Alle Nährstoffe sind in richtiger Menge und optimalem Verhältnis enthalten. Man kann genau portionieren, die Fütterung ist sauber, schnell und bequem. Das deutsche Futtermittelrecht regelt die Zusammensetzung streng und genau. Es dürfen nur einwandfreie Rohmaterialien von gesunden Tieren und Pflanzen verwendet werden. Fertignahrung ist also der beste und sicherste Weg, unseren Hund richtig und gesund zu ernähren. Und schmecken wird es ihm ganz gewiß.

- Futterselbstzubereitung ist kompliziert, zeitraubend und erfordert Spezialkenntnisse.
- Fertignahrung ist sicher, hat hohe Qualität und erfüllt alle Nährstoffansprüche des Hundes.

Wichtige Tips zur Fütterung Ihres Hundes

1. Bei der Verwendung von Fertignahrungsmitteln, die als „Alleinfutter" deklariert sind, erhält Ihr Hund alle lebensnotwendigen Nährstoffe in ausgewogener Zusammensetzung für ein langes, gesundes Hundeleben.
2. Ein Welpe braucht zu Beginn seines Lebens etwa doppelt so viele Nährstoffe und Energie wie ein ausgewachsener Hund, deshalb füttern Sie in der Wachstumsphase ein Fertigfutter, welches für wachsende Hunde bestimmt ist.
3. Verwenden Sie als Milchersatz für Saugwelpen nur spezielle Welpenmilchprodukte, Kuhmilch ist auf keinen Fall zu empfehlen, da sie nicht eiweiß- und fettreich genug ist und zu Durchfällen führen kann.
4. Achten Sie darauf, Futterumstellungen langsam und schrittweise über fünf Tage durchzuführen, so daß sich der Verdauungstrakt des Hundes an die neue Nahrung gewöhnen kann.
5. Füttern Sie stets zur gleichen Zeit und möglichst am gleichen Ort, weder zu heiß noch zu kalt (nicht direkt aus dem Kühlschrank).
6. Bieten Sie ihrem Hund nur die Futtermenge an, die er auch auffrißt, keine Futterreste stehen lassen.
7. Frisches Wasser zum Trinken sollte Ihr Hund stets zur Verfügung haben.
8. Füttern Sie Fleisch bitte nur im abgekochten Zustand, bei der Fütterung von rohem Fleisch besteht Infektionsgefahr.

Ch. Iontac blue vom Weideland, ein Blue-merle-Rüde

9. Bei der Verwendung eines hochwertigen Fertigfutters brauchen Sie keinerlei Zusatzstoffe oder Ergänzungsfuttermittel zusätzlich zu füttern.

10. Bei älteren Hunden ist die Futtermenge in 2–3 Mahlzeiten aufzuteilen. Die verwendeten Eiweiße müssen hochwertig und hochverdaulich sein.

Gesundheit

Vorbeugen ist besser als Heilen

Artgerechte Haltung, Pflege und Ernährung sind Voraussetzungen für die Gesundheit. Das seelische Wohlbefinden des Hundes ist so wichtig wie das körperliche. Der gesunde Hund nimmt aufmerksam und lebhaft Anteil an seiner Umgebung. Er ist kräftig und ausdauernd. In der Ruhe atmet er 10- bis 20mal, das Herz schlägt 70- bis 100mal in der Minute. Die Körpertemperatur liegt um 38,5 °C. Gesundheit ist nicht nur „Freisein von Krankheiten", sie schließt auch Widerstandskraft gegen Infektionen ein.

Immer die Schafe im Blick

Das Haarkleid schützt nicht nur gegen Wind und Wetter, es ist auch Zeichen von Gesundheit. Stumpfes Haar, ständiger Haarausfall und starker Geruch deuten auf innere Erkrankungen hin. Die Haut soll frei von Schuppen und Rötungen sein, kein Juckreiz soll den Hund plagen.

Flöhe, Läuse und Haarlinge kann auch der gepflegteste Hund von einer Hundebegegnung mitbringen. Bei Juckreiz wird als erstes die Haut auf Flohstiche – bis zu linsengroße, geschwollene Rötungen – und das Fell auf Parasitenkot – kleine schwarze Pünktchen – abgesucht. Lieblingssitze der ungebetenen Gäste sind die Innenflächen der Hinterbeine, die „Achselhöhlen" und die Ohrmuscheln. Bei leichtem Befall genügt ein Flohpuder oder -spray. Wirksamer sind Waschlösungen, die das Fell bis auf die Haut benetzen, oder verschreibungspflichtige Mittel, die auf die Haut getropft werden und bis zu vier Wochen wirken. Das Ablecken solcher Mittel muß aber unbedingt verhindert werden. „Anti-Floh-Halsbänder" geben bis zu vier Monaten gas- oder puderförmige Wirkstoffe ab. In Hundehütten können bei einigen Halsbändern Giftgaskonzentrationen auftreten, die auch für den Hund bedenklich sind. Manche Halsbänder verlieren zudem durch Nässe an Wirksamkeit. Bei Flohbefall muß immer das Lager des Hundes mitbehandelt werden. Moderne Spezialmittel töten dabei nicht nur „erwachsene“ Flöhe, sondern stoppen auch die weitere Entwicklung der Flohlarven. Hundedecken werden am besten ausgekocht, Teppiche regelmäßig gesaugt und Stroh in der Hütte gewechselt.

Zecken lassen sich aus dem Gebüsch auf den Hund fallen, beißen sich in der Haut fest und saugen sich mit Blut voll. Je länger sie saugen, desto größer ist in bestimmten verseuchten Gegenden die Gefahr, daß eine für Hunde gefährliche Infektionskrankheit, die Borreliose, übertragen wird. Deshalb sollten Zecken so rasch wie möglich entfernt werden. Sie dürfen aber nicht einfach ausgerissen werden, weil dabei die Beißwerkzeuge in der Haut steckenbleiben und Entzündungen verursachen können. Am besten erfaßt man die Zecke mit einer Spezialpinzette und hebelt sie drehend aus der Haut heraus. Man kann sie aber auch mit Alkohol, „Desinsekt-Spray“ oder in Öl eingehüllt betäuben und dann herausdrehen, sofern sie nicht innerhalb einer halben Stunde abgefallen ist. Inzwischen gibt es, allerdings nur beim Tierarzt, ein Anti-Zecken- und -Flohhalsband, das den Befall mit Zecken weitgehend und das Blutsaugen sicher verhindert.

Die Ohren sollten alle vier Wochen gereinigt werden. Mit Wattestäbchen kann man das Trommelfell zwar kaum verletzen, das Ohrenschmalz aber in der Tiefe zusammenstopfen. Besser ist ein alkoholischer Ohrreiniger, der randvoll ins Ohr eingegossen und bei zugedrückter Ohrmuschel durchmassiert wird. Das gelöste Ohrenschmalz kann der Hund dann selbst ausschütteln, vorzugsweise im Freien. Dunkle, übelriechende Beläge im Ohr zeigen eine Entzündung an. Meist wird sich der Hund dann auch am Ohr oder – scheinbar – am Halsband kratzen und den Kopf schütteln. Ursache des „Ohrenzwanges“ können Ohrenmilben, Grasgrannen oder andere Fremdkörper sowie Bakterien und Pilze sein. Wenn zwei- bis dreimalige gründliche Reinigung mit dem Ohrreiniger keine Besserung bringt, ist eine gezielte Behandlung erforderlich.

Die Augen werden mit einem Stückchen Mullbinde oder einem Taschentuch vom „Schlaf“ gereinigt. Fusseln von Watte oder Papiertaschentüchern reizen die Schleimhäute. Bindehautentzündungen können auch durch Zugluft, Staub oder starke Sonne verursacht werden. Zur Linderung werden Augentropfen in den heruntergezogenen Bindehautsack geträufelt. Borwasser wird heute nicht mehr verwendet, weil feine Kristalle als Fremdkörper wirken können. Länger andauernder wäßriger, schleimiger oder eitriger Augenausfluß sollte nicht mit Hausmitteln kuriert werden. Es könnte eine Infektion vorliegen. Wucherungen auf der Rückseite der Nickhaut müssen meist operativ behandelt werden.

Die Zähne werden durch Hundekuchen oder Knochen ausreichend gereinigt. Auch die Tortur des Zähneputzens kann Zahnstein kaum verhindern. Zur Entfernung weicher Beläge eignet sich am ehesten ein Wattebausch, getränkt mit dreiprozentiger Wasserstoffsuperoxydlösung. Zahnstein ist ein fest anhaftender brauner Belag aus verhärteten Salzen. Fauliger Mundgeruch durch Zahnfleischentzündungen und -vereiterungen sowie Zahnausfall sind die Folgen. Zahnstein sollte frühzeitig fachkundig entfernt werden.

Lose Zähne müssen gezogen werden. Da der Hund keine Beute jagen, festhalten oder zerreißen muß, kann er auf schmerzende Zähne gut verzichten. Nach Entfernung der Eiterherde wird er sich auch allgemein wohler fühlen, denn sie können den Körper vergiften und zum Beispiel chronische Herzklappenentzündungen auslösen.

Die Analbeutel sollen eigentlich bei jedem Kotabsatz eine individuelle Duftmarke zur Revierkennzeichnung hinterlassen. Infolge der Domestikation funktioniert die Entleerung häufig nicht richtig. Sekretstauungen sind die Folge; den Juckreiz versucht der Hund vergeblich durch Rutschen auf dem After zu beseitigen. Dieses „Schlittenfahren" ist entgegen landläufiger Vermutung fast nie auf Wurmbefall zurückzuführen. Stark gefüllte Analbeutel müssen fachkundig ausgedrückt, vereiterte müssen tierärztlich behandelt werden.

Die Krallen werden nur bei regelmäßigem Auslauf auf hartem Untergrund ausreichend abgelaufen. Nur bei krankhaftem Hornwachstum oder Stellungsfehlern müssen sie geschnitten werden. Dabei soll die in der Kralle verlaufende Ader nicht verletzt werden. „Wolfskrallen", Überbleibsel der an sich verkümmerten fünften Zehe an Vorder- und Hinterläufen, können bei Verletzungen stark bluten. Sie sollten vorsorglich amputiert werden. Das geschieht üblicherweise schon bei neugeborenen Welpen.

Erste Hilfe tut not

Hautverletzungen müssen genau inspiziert werden. Oberflächliche Abschürfungen und Schrunden können mit Hausmitteln behandelt werden. Auf jeden Fall werden im Bereich der Verletzungen die Haare mit einer gebogenen Schere kurz abgeschnitten. Sie verkleben sonst mit dem Wundsekret; Vereiterung ist die Folge. Die Wunde wird mit Wundgel, -spray oder -tinktur behandelt. Fetthaltige Salben behindern den heilungsfördernden Luftzutritt, Puder verkrustet.

Bei tieferen Wunden mit Durchtrennung der Haut sollte umgehend ein Tierarzt hinzugezogen werden. Bei Beißereien und Stacheldrahtverletzungen wird die Haut oft vom Körper losgerissen, so daß tiefe Taschen zu versorgen sind. Von Fall zu Fall ist zu prüfen, ob eine „offene Wundbehandlung" oder eine Naht besser ist. Nur frische Wunden können mit Aussicht auf komplikationslose Heilung genäht werden.

Eine offene, aus der Tiefe nässende oder eiternde Wunde darf der Hund belecken. In allen anderen Fällen wird die Wundheilung behindert, weil die zarten Heilungszellen am Wundrand gestört werden. Das Belecken von Wunden und das Abreißen von Verbänden können durch einen Halskragen verhindert werden. Aus einem passenden Kunststoffeimer wird der Boden herausgeschnitten. Die Schnittkanten werden abgepolstert, an vier Stellen durchlöchert und mit Bindfäden versehen, die am Lederhalsband festgebunden werden.

Wundstarrkrampf ist beim Hund selten. Impfungen sind daher nicht üblich. Zur Vorbeugung sollen Wunden ausbluten und nicht luftdicht abgedeckt werden. Wenn größere Adern verletzt sind, kommt es zu andauernden, starken Blutungen. Häufig tritt Blut im Strahl aus. Dann muß zur Ersten Hilfe ein Druckverband angelegt werden. An ungünstigen Körperstellen wie am Kopf kann auch von Hand eine Kompresse aufgedrückt werden. Gliedmaßen können abgebunden werden, die Abbindung muß aber viertelstündlich kurz gelöst werden. In solchen Fällen ist stets umgehend tierärztliche Hilfe erforderlich.

Unfälle können auch zu inneren Verletzungen und Gehirnerschütterungen führen. Bei Bewußtseinstrübungen soll nie Flüssigkeit eingeflößt werden. Die Maulschleimhaut kann aber mit Kaffee, Tee oder auch einfach mit Wasser befeuchtet werden. Der Hund wird vorsichtig getragen oder seitlich mit tiefliegendem Kopf und herausgezogener Zunge auf einer Decke gelagert, die, von zwei Personen an den Ecken strammgezogen, auch als „Tragbahre" dient. Am Unfallort sind meistens die Diagnose und vor allem eine wirksame Schockbehandlung erschwert. Telefonisch sollte zur Vermeidung unnötiger Wege und Zeiten ein dienstbereiter Tierarzt verständigt und umgehend aufgesucht werden.

Lahmheiten können viele Ursachen haben. Als erstes wird die Pfote untersucht. Dornen oder Splitter werden ausgezogen. Verfilzte Haare drücken zwischen den Ballen wie ein Stein im Schuh; sie werden daher vorsichtig ausgeschnitten. Wunde Stellen werden wie Hautverletzungen behandelt. Im Winter müssen Streusalzreste von den Pfoten abgewaschen werden. Bei Krallenbettentzündungen

Ein Border Collie bei der Trümmersuche

können warme Kamillen- oder Seifenbäder Linderung bringen. Lose Krallenteile werden an der Bruchstelle beherzt abgeschnitten. In vielen Fällen ist ein Verband erforderlich. Er muß fachkundig angelegt werden, um Druckstellen zu vermeiden.

Bei Schwellungen, Prellungen und Verstauchungen kann das Fell des betroffenen Körperteils mehrmals täglich mit kaltem Wasser durchnäßt werden. Das wirkt wie ein Kühlverband, lindert den Schmerz und hemmt – frühzeitig angewendet – weitere Schwellungen. Wenn ein Bein überhaupt nicht belastet wird, besteht Verdacht auf Knochenbruch. Bei stark abnormer Beweglichkeit können die Gliedmaße durch eine Notschiene ruhiggestellt werden.

Andauernde, wiederkehrende oder sich verschlimmernde Bewegungsstörungen sind stets ein Fall für den Tierarzt. Das Humpeln auf einem Hinterbein wird nicht selten durch eine Ausrenkung der Kniescheibe oder durch Riß von Bändern bedingt, die operativ fixiert werden müssen.

Vergiftungen sind meist „Unglücksfälle“ und nur selten böse Absicht.

Rattengift kann bei unsachgemäßem Auslegen direkt, aber auch mit vergifteten Nagetieren aufgenommen werden. Meist handelt es sich um Cumarinpräparate, die zu inneren Blutungen führen. Vorsicht ist auch bei Schädlings- und Unkrautbekämpfungs- sowie bei Frostschutzmitteln geboten. Hochgiftige Thallium-, Zinkphosphid- und Arsenzubereitungen, Blausäure und Strychnin sind heute gottlob kaum noch erhältlich. Die besten Überlebenschancen bestehen, wenn man „nach frischer Tat“ das Gift wieder aus dem Magen herausbefördern kann. Der Tierarzt kann Erbrechen durch eine Spritze auslösen, der Laie durch Eingeben von zwei bis drei Teelöffeln Salz. Nach dem Erbrechen kann eine Aufschwemmung von etwa zehn Kohlekompretten eingeflößt werden. Milch wird nicht gegeben, weil verschiedene Gifte fettlöslich sind. Etwa vorhandene Hinweise auf die Art des Giftes ermöglichen eine rechtzeitige, gezielte tierärztliche Behandlung. Ungewisser sind die Aussichten, wenn Vergiftungsfolgen wie Krämpfe, Mattigkeit oder Brechdurchfall schon eingetreten sind, die Ursache aber nur vermutet werden kann. Eine genaue Diagnose ist oft erst durch Spätschäden wie Blutungen oder Haarausfall möglich. Dann kann es für eine Rettung bereits zu spät sein.

Durchfall ohne Fieber bessert sich häufig nach einem Fastentag: Der Hund erhält ausschließlich stark verdünnten Tee mit einer Prise Salz, aber ohne Zucker. Zur Geschmacksverbesserung ist Süßstoff erlaubt. Zusätzlich ist es nie verkehrt, eine Aufschwemmung von Kohlekompretten einzugeben. Keinesfalls darf Durchfall mit Wasserentzug „behandelt“ werden; der Körper würde zu stark austrocknen. Am zweiten Tag erhält der Hund in kleinen Portionen ein Diätfutter, zum Beispiel Beefsteakhack, Schmelzflocken und rohen geriebenen Apfel. Am dritten Tag muß der Kot zumindest wieder dickbreiig sein.

Verstopfungen lassen sich oft durch rohe Leber oder Milz oder einige Teelöffel süßer Dosenmilch beheben. Bei krampfhaft vergeblichem Drängen kann ein Mikroklistier Erfolg bringen. Bei einer Verhärtung von Knochenteilen im Enddarm hilft allerdings meist nur ein fachgerechter Einlauf.

Erbrechen ist keine selbständige Krankheit. Einmaliges Erbrechen kann durch zu hastiges Fressen, zu kaltes Futter oder Aufnahme von Fremdkörpern ausgelöst werden. Gelegentliches Erbrechen ist beim Hund ohne große Bedeutung. Um zu erbrechen frißt der Hund häufig Gras. Geschieht das regelmäßig oder wird ständig das Futter erbrochen, muß ein Tierarzt hinzugezogen werden. Auch Durchfall und Erbrechen mit Fieber sind kein Fall für Hausmittel.

Scheinschwangerschaft tritt bei manchen Hündinnen etwa acht Wochen nach der Läufigkeit auf. Sie sind unruhig, „bemuttern" irgendwelche Gegenstände, fressen schlecht und erbrechen gelegentlich. Das Gesäuge schwillt, Milch bildet sich. Abhilfe schafft häufig wenig Fressen und Trinken bei viel Bewegung und Beschäftigung. Das Gesäuge kann mehrmals täglich mit kaltem Wasser befeuchtet werden, um Schwellung und Milchproduktion zu hemmen. Keineswegs soll die Milch ausgedrückt werden. Damit würde nur die weitere Milchbildung angeregt. Bei sehr starker Gesäugeschwellung und trotz Hausmitteln nicht nachlassenden Erscheinungen muß der Tierarzt verständigt werden.

Insektenstiche, vor allem durch das Schnappen nach Wespen und Bienen verursacht, können schnell zu erheblichen Schwellungen am Kopf oder, noch schlimmer, im Rachen führen. Äußerliche Kühlung mit Eiswürfeln und eine Tablette gegen Allergie ersparen oft nicht die möglichst rasche tierärztliche Behandlung.

Vorführung der Rettungshundestaffel des THW in Hannover. Die Hunde lassen sich auch von Feuer und Rauch nicht schrecken

Alarmzeichen

Fieber ist eine Abwehrreaktion des Körpers, meist auf Infektionen. Die Hundenase kann auch beim kranken Hund feucht und kühl sein. Die Temperatur muß mit einem Fieberthermometer (je nach Modell bis zu fünf Minuten) im Mastdarm gemessen werden. Sie darf nicht über 39 °C liegen. Untertemperaturen unter 37,5 °C entstehen infolge einer Reduzierung der Stoffwechselvorgänge häufig vor dem Tod.

Husten, als ob ein Knochen im Hals säße, tritt bei Mandelentzündungen auf. Ernstere Infektionen wie Zwingerhusten oder gar Staupe könnten auch vorliegen. Pumpende Atmung entsteht durch eine Lungenentzündung, aber auch durch Wasseransammlung in der Lunge, zum Beispiel infolge von Vergiftungen. Bei alten Hunden kann der damit verbundene Husten auch auf eine Herzschwäche zurückzuführen sein. Bauchpressen und Aufblasen der Backen sind Zeichen höchster Atemnot.

Schleimhäute im Auge und im Fang geben Hinweis auf innere Erkrankungen: Blässe deutet auf Blutarmut hin, Gelbfärbung auf Leberschäden mit Gelbsucht, Blutungen auf schwere Infektionen oder Vergiftungen, eine bläuliche Färbung tritt bei Herz- und Kreislaufschwäche auf.

Kot und Urin mit Blutbeimengungen lassen krankhafte Veränderungen erkennen. Bei Blutungen im Magen und in den vorderen Darmabschnitten kann der Stuhl durch das verdaute Blut pechschwarz aussehen. Nierenerkrankungen können auch mit erhöhtem Durst verbunden sein. Wenn Mattigkeit und Mundgeruch hinzukommen, ist meist bereits eine Harnvergiftung eingetreten. Harnsteine, Blasenriß oder Vergiftungen können dazu führen, daß überhaupt kein Urin mehr abgesetzt wird; dann besteht höchste Gefahr. Geschwülste, Prostatavergrößerungen und Mastdarmveränderungen erschweren den Kotabsatz. Verhärtete Knochenteile können den Enddarm völlig verstopfen. Erbrechen und zunehmende Mattigkeit bei fehlendem Kotabsatz sprechen für Darmverschluß oder einen Fremdkörper im Darm.

Speicheln wird im harmlosesten Fall durch Fremdkörper in der Maulhöhle oder durch lose Zähne verursacht, bedenklicher wäre eine E 605-Vergiftung oder Pseudowut, schlimmstenfalls ist an Tollwut zu denken.

Umfangsvermehrungen des Bauches bei sonst normalem Ernährungszustand oder zunehmende Abmagerung können durch Tumore oder Bauchhöhlenwasser hervorgerufen werden. Bei einer Gebärmuttervereiterung besteht gleichzeitig fast immer starker Durst, gelegentlich auch Scheidenausfluß. Eine plötzliche Aufblähung des Bauches mit Kolik und Kreislaufschwäche, bedingt durch eine Magendrehung, erfordert unverzügliche Operation. Eine Entzündung der Kaumuskeln mit Schwellung und Verhärtung sowie hervortretenden Augäpfeln muß sofort tierärztlich behandelt werden.

Infektionen bedrohen die Gesundheit

Staupe und ansteckende Leberentzündung (Hepatitis) sind Viruskrankheiten, die für Junghunde besonders gefährlich sind, aber auch ältere Hunde befallen. Staupe beginnt mit einem

Sprung durch den Reifen

häufig kaum merkbaren, kurzen Fieber, dem nach etwa acht Tagen eine schwere Lungenentzündung mit eitrigem Augen- und Nasenausfluß oder ein Durchfall folgt. Eine besondere Verlaufsform ist mit einer Verhärtung der Ballen verbunden. Nach scheinbarer Besserung treten nervöse Erscheinungen bis hin zu Krämpfen auf, die meistens zum Tod führen. Nach überstandener Staupe bleibt häufig ein nervöses Zucken der Kopfmuskeln, der „Staupetick", nach Erkrankungen im Junghundealter das „Staupegebiß" mit erheblichen Zahnschmelzdefekten zurück. Die ansteckende Leberentzündung verläuft ähnlich, mit hohem Fieber, Apathie und Appetitlosigkeit. Hornhauttrübungen können bleibende Folgeschäden sein.

Stuttgarter Hundeseuche (Leptospirose) wird durch Bakterien verursacht und von Hund zu Hund übertragen. Sie beginnt häufig mit einer Schwäche in den Hinterbeinen. Geschwüre im Maul, Magen und Darm sind mit aasartig-faulem Maulgeruch und blutigem Durchfall verbunden.

Tollwut tritt bei Hunden nur noch selten auf. Die Seuche wird vor allem durch Füchse übertragen. Hinweisschilder warnen in gefährdeten Gebieten vor Tollwut. Die Krankheit ist besonders tückisch: Die typischen Wuterscheinungen mit heiserem Gebell, Wasserscheue, Unruhe und unmotivierter Beißwut fehlen häufig. Die »stille Wut« ist im Anfangsstadium schwer zu erkennen. Ein erkranktes Tier stirbt immer.

Parvovirose ist eine Viruskrankheit, die sich bei Hunden aller Altersgruppen in schweren, durch Erbrechen und Durchfall gekennzeichneten Erkrankungen äußert. Bei Welpen kann plötzlicher Herztod auftreten. Der Erreger ähnelt dem Katzenseuchevirus; eine wechselseitige Ansteckung zwischen Hund und Katze ist jedoch nicht möglich. Die Ansteckung erfolgt über Ausscheidungen von Hund zu Hund, aber auch durch Verschleppung angetrockneter Ausscheidungen, zum Beispiel an Kleidungsstücken.

Impfungen schützen vor diesen Infektionskrankheiten

Welpen in gefährdeten Zuchten oder ungeimpfte Hunde mit verdächtigen Krankheitserscheinungen können mit einem Serum behandelt werden, das fertige spezifische Abwehrstoffe enthält. Diese „passive Immunisierung“ schützt aber nur für zwei bis drei Wochen. Der Käufer eines Hundes sollte den Impfpaß daraufhin genau prüfen.

Länger dauernden Schutz vermittelt nur die „aktive“ Schutzimpfung. Dabei werden abgeschwächte oder abgetötete Infektionserreger eingeimpft. Der Körper reagiert darauf mit der Bildung eigener Abwehrstoffe. Bei den heute üblichen Kombinationsstoffen kennzeichnen die Buchstaben S, H, L, T und P die Wirksamkeit gegen die in Frage kommenden Seuchen. Welpen werden mit sechs bis acht Wochen das erste Mal geimpft und müssen dann mit etwa zwölf Wochen nach Impfplan nachgeimpft werden. Bei älteren Hunden genügt eine einmalige Grundimmunisierung.

Der einmal gebildete Impfschutz baut sich im Laufe der Zeit ab. Kommt der Hund mit betreffenden Seuchenerregern in Berührung, so wird die Antikörperbildung aufgefrischt. Ist der Impfschutz aber bereits zu stark abgesunken, kann der Hund erkranken. Deshalb sind Auffrischungsimpfungen im Abstand von ein bis zwei Jahren erforderlich. Gegen die seit einiger Zeit wieder in bedrohlichem Umfang auftretende Staupe ist die **jährliche** Impfung dringend zu empfehlen, zumal bei einigen Kombinationsimpfstoffen der Staupeschutz ein Schwachpunkt zu sein scheint.

Ein sicherer Impfschutz des Hundes ist auch für den Menschen wichtig. Erkrankte Hunde können Leptospiren übertragen, die beim Menschen das „Canicola-Fieber“ oder die „Weilsche Krankheit“ hervorrufen. Hundetollwut ist wegen des engen Kontaktes für Menschen viel gefährlicher als Wildtollwut. Geimpfte Hunde übertragen keine Tollwut. Nach einem Kontakt mit verdächtigem Wild brauchen sie deshalb auch nicht getötet zu werden, wie dies für ungeimpfte Hunde gesetzlich vorgeschrieben ist.

Gegen andere Infektionen schützt Vorsicht

Toxoplasmose wird durch einzellige Schmarotzer hervorgerufen. Ihr Stammwirt ist die Katze. Bei anderen Tieren werden ansteckungsfähige Dauerformen gebildet. Hunde erkranken überwiegend durch infiziertes Schweinefleisch. Für die Ansteckung des Menschen wurden sie früher zu Unrecht verantwortlich gemacht.
Aujeszkysche Krankheit wird ebenfalls durch Schweinefleisch übertragen. Unstillbarer Juckreiz, Unruhe, Ängstlichkeit und Speichelfluß haben gewisse Ähnlichkeit mit Tollwut. Die Krankheit wird daher auch „Pseudowut" genannt. Schweinefleisch und in der Zusammensetzung unbekannte Fleischmischungen, zum Beispiel aus Supermärkten, müssen deshalb gut durchgekocht werden. Fertigfutter und Rindfleisch sind dagegen unbedenklich.
Zwingerhusten tritt vor allem in Tierheimen und Hundehandlungen auf. Unter begünstigenden Umständen lösen Viren und Bakterien gemeinsam Entzündungen von Luftröhre und Bronchien aus. Kennzeichnend ist ein kurzer, trockener Husten. Sekundärinfektionen können den Krankheitsverlauf verschlimmern. Während des Urlaubs sollte man seinen Hund nicht in unbekannte Heime oder Pensionen geben oder ihn vorsorglich auch gegen Zwingerhusten impfen lassen.

Wurmkuren gegen unerwünschte Kostgänger

Spulwürmer können bei Junghunden zu Verdauungs- und Entwicklungsstörungen, zu Vergiftungserscheinungen und sogar zum Tod führen. Fast alle Welpen werden im Mutterleib mit Spulwürmern infiziert. Die ersten Wurmkuren soll schon der Züchter durchführen. Junghunde werden vierteljährlich entwurmt. Ältere Hunde beherbergen nur noch einzelne Würmer. Sie richten zwar keinen großen Schaden an, sind aber eine ständige Infektionsquelle. Hündinnen sollten zumindest sechs Wochen nach jeder Läufigkeit, Rüden mindestens einmal jährlich entwurmt werden. Bei festgestelltem Wurmbefall ist eine sofortige Entwurmung mit einer Wiederholungsbehandlung nach zwei bis drei Wochen erforderlich. Rohe Möhren garantieren keine Wurmfreiheit. Wirksame und verträgliche Mittel sind verschreibungspflichtig. Sie wirken auch gegen andere Rundwurmarten, zum Beispiel gegen Hakenwürmer.

Spulwürmer sind auf ihre Wirtstierarten spezialisiert; wenn der Mensch Hundespulwurmeier auf-

Der Border Collie ist ein außergewöhnlich aktiver Hund

nimmt, schlüpfen zwar Larven und beginnen ihre Wanderung im Körper, sie bleiben jedoch in Organen oder Muskeln stecken und können dort schmerzhafte Entzündungen verursachen. Besonders gefährdet sind „Krabbelkinder“. Wurmkuren dienen daher auch dem Gesundheitsschutz der Familie.

Bandwürmer brauchen für ihre Entwicklung stets einen Zwischenwirt. Für den Hundebandwurm ist dies der Floh. Er nimmt die Wurmeier auf, aus denen sich eine Finne entwickelt. Der Hund „knackt“ den Floh, die Finne wächst im Hundedarm zum fertigen Bandwurm aus. Mit dem Kot erscheinen nach geraumer Zeit einzelne kürbisförmige, anfangs noch bewegliche Bandwurmglieder oder ein längeres, deutlich gegliedertes Wurmende.

Es gibt heute neben speziellen Spulwurm- und Bandwurmmitteln auch Präparate, die gegen beide Parasitenformen wirksam und dabei gut verträglich sind. Empfehlenswert ist eine systematische vierteljährliche Bandwurmbehandlung des Hundes. Zur Bandwurmkur gehört stets eine Flohbehandlung von Hund und Lager.

Besonders bei Jagdhunden kann auch der „gesägte Bandwurm“ auftreten, dessen Zwischenwirte Hasen und Kaninchen sind. Andere Bandwurmarten, die durch Fisch oder Wild, Rinder- oder Schafeingeweide übertragen werden, kommen seltener vor. Dazu zählt der „dreigliedrige Bandwurm“, der auch dem Menschen gefährlich werden kann. Der Hund sollte zur Vorbeuge keine rohen „Konfiskat“-'Innereien erhalten und daran gehindert werden, Kadaver von Wildtieren anzufressen. Für Menschen besonders gefährlich ist der vor allem in einigen Gegenden Mittel- und Süddeutschlands verbreitete „Fuchsbandwurm“, der auch durch Hunde übertragen werden kann. Neben regelmäßigen Bandwurmkuren ist es die beste Vorbeuge, den Hund in Wald und Flur anzuleinen.

Gefahren für die menschliche Gesundheit?

Impfungen und Wurmkuren schränken Ansteckungsgefahren ein. Hygiene tut ein übriges: Selbstverständlich hat der Hund sein eigenes Lager und Futtergeschirr; beides ist peinlich sauber. Rasen und Wege werden von Hundekot freigehalten. Der Hund wird so erzogen, daß er das Gesicht nicht ableckt. Das Belecken der Hände ist Ausdruck seiner Zuneigung. Man darf sie dulden, denn man kann sich die Hände anschließend waschen. Vorsichtige können Lager, Hütte und andere hygienegefährdete Stellen und Gegenstände regelmäßig desinfizieren. Die Mittel sollen gegen Viren, Bakterien und Pilze wirken. Zur Schnelldesinfektion eignet sich ein „Desinfektspray“, der auch Ektoparasiten abtötet.

Besonders angezeigt sind solche Maßnahmen, wenn der Hund eiternde Wunden, Ekzeme, Furunkel oder eine Vorhaut-, Zahnfleisch- oder Mandelentzündung hat. Diese Infektionen sind konsequent zu behandeln. Eitererreger können auch beim Menschen Komplikationen verursachen. Vorsicht ist stets bei schlecht heilenden oder sich ausbreitenden Ekzemen geboten: Räudemilben sind zwar auf Tierarten „spezialisiert“, können jedoch auch beim Menschen juckende Hautrötungen verursachen. Hautpilzinfektionen sind auf Menschen übertragbar. Daher sollte man umgehend eine Spezialuntersuchung und Behandlung veranlassen. Pilzinfektionen entstehen nur, wenn sich die Erreger länger als 12 bis 24 Stunden auf der menschlichen Haut einnisten können. Gründliches Waschen bannt die Gefahr. Zusätzliche Sicherheit bietet ein Handdesinfektionsmittel, das nach Berührung verdächtiger Stellen oder Ausscheidungen in die Hände eingerieben wird.

Allergien sind auch durch größte Sauberkeit nicht immer zu vermeiden. Einige Menschen reagieren bei Kontakt mit Tierhaaren und -hautteilen mit Ausschlägen oder Atembeschwerden. Katzen, Meerschweinchen und Vögel sind viel öfter als Hunde die Auslöser; viele andere pflanzliche und tierische Stoffe kommen hinzu. Die Allergieursache kann von einem Hautarzt durch Spezialtests auf der Haut ermittelt werden. Auf Verdacht braucht also kein Hund abgeschafft zu werden. Und vor der Anschaffung eines Border Collies brauchen auch gesundheitsbewußte Hundefreunde nicht zurückzuschrecken.

Nach getaner Arbeit

Der Border Collie im Alter

Border Collies haben eine recht hohe durchschnittliche Lebenserwartung. Das Erreichen eines Alters von 12 bis 14 Jahren ist bei dieser Rasse keine Seltenheit.

Auch in fortgeschrittenem Alter sind diese Hunde nicht wesentlich weniger aktiv. Trotzdem sollten sowohl die Ernährung als auch die Pflege – besonders der Zähne – dem alternden Hund angepaßt werden. Im Fachhandel ist eine große Auswahl von speziell auf die Bedürfnisse eines gealterten Hundes abgestimmten Futtersorten erhältlich.

Zwölf Jahre alte Border-Collie-Hündin

Einige Hunde leiden im Alter unter Gelenkschmerzen und sind etwas „wetterfühlig". Hier sollte besonders darauf geachtet werden, daß der Border Collie die Gelegenheit bekommt, sich an einen ihm angenehmen Ruheplatz zurückzuziehen zu können, ohne von eventuell anwesenden jüngeren Hunden gestört zu werden.

Beim Umgang mit einem alten Border Collie sollte der Besitzer sich daran erinnern, daß dieser Hund ihm in vielen Jahren ein zuverlässiger Begleiter gewesen ist. Adäquates Futter, angepaßte Bewegung und Pflege ist alles, was der „Senior" oder die „Seniorin" jetzt noch verlangt. Und sollte ein sehr alter Hund sich eines Tages vielleicht nur noch unter Schmerzen bewegen können oder unter einer Krankheit leiden, die seine Lebensqualität zu sehr beeinträchtigt, gehört zur Verantwortung des Besitzers auch der letzte Gang zum Tierarzt, um dem Tier weitere Schmerzen zu ersparen und ihn friedlich einschlafen zu lassen.

Anhang

Anschriften, die Sie kennen sollten

Club für Britische Hütehunde e. V. (VDH u. F.C.I.)
Präsident:
Jürgen Baldauf
Burger Landstraße 45
29277 Celle

Zuchtbuchstelle:
Ursula Müller
Bahnstraße 8
52399 Merzenich

Deutscher Hundesport-verband e. V.
Geschäftsstelle:
Gustav-Sybrecht-Straße 42
44536 Lünen

Verband für das Deutsche Hundewesen e. V. (VDH)
Westfalendamm 174
44141 Dortmund

Literatur

AMERICAN RESCUE DOG ASSOCIATION, 1991: Search and Rescue Dogs, Training Methods. Howell.

COLLIS, JOYCE, 1988: The Show Border Collie. Ringpress Books.

COLLIS, JOYCE: The Border Collie „a dog for all reasons“. Eigenverlag. Bezug über: J. Collis, Peewit House, 81 Astwick Road, Stotfold, Hitchin, Herfordshire, SG5 4BQ.

COREN, STANLEY, 1995: Die Intelligenz der Hunde. Rowohlt.

HALSALL, ERIC: Border Collies – Meine treuen Freunde. Bezug über: Günther Piepenbrock, Mackebenstraße 14, Bielefeld.

HOBDAY, RUTH, 1993: Agility…macht Spaß. Bd. 1 und 2 Kynos Verlag.

LARSON, JANET E., 1987: The Versatile Border Collie. Alpine Books.

WEGMANN, A. u. W. HEINES, 1989: Such und hilf! Kynos Verlag.

ZIMEN, ERIC, 1992: Der Hund, Abstammung – Verhalten – Mensch und Hund. Goldmann.

Bildnachweis

Sämtliche Abbildungen wurden von den Autorinnen zur Verfügung gestellt.